歴史文化ライブラリー
419

大久保利通と東アジア

国家構想と外交戦略

勝田政治

吉川弘文館

目　次

大久保利通が直面した東アジア世界—プロローグ……1
明治維新と大久保利通／本書の課題—華夷秩序のなかで

征韓論争と東アジア

留守政府と東アジア……8
琉球王国の位置／琉球「藩王」冊封／台湾出兵論の提起／台湾領有論の登場／日露「雑居」の地樺太／樺太での日露紛争／日朝国交の停滞／日朝国交の断絶

西郷隆盛との対決……23
台湾出兵論の高揚／朝鮮使節問題の登場／西郷朝鮮使節の内定／大久保の帰国／樺太問題の急転回／大久保の西郷使節反対論／西郷使節の決定／大久保の「秘策」／「秘策」とは／天皇裁断による政変

大久保政権の成立……46
民力養成論／大久保の欧米体験／樺太問題の着手／樺太・千島交換条約／台湾出兵論の浮上／台湾植民地論の提起／朝鮮問題の再評議論／三条実美の朝鮮使節派遣論

琉球の併合

台湾出兵の実行……64
大久保の台湾出兵論／その後の出兵論／植民地化論の復活／英米の出兵反対／出兵の延期／強行出兵と大久保／植民地化論の再否定／木戸孝允の出兵反対論／伊藤博文・山県有朋の反対論／左院の反対論／民間の反対論

清国との交渉……88
清国の抗議／開戦の閣議決定／大隈重信の強硬論／大久保の清国派遣／清国との交渉開始／清国の論理／開戦論の高揚／交渉の不調／駐清イギリス公使ウェード／大久保の最後通告

琉球併合に向けて……111
交渉決裂の危機／妥協なる／妥協の内容／大久保の立場／琉球政策の提示／琉球藩「重役」への説諭／松田道之の琉球派遣／琉球の嘆願活動／琉球併合の強制／併合の断行

朝鮮との国交樹立
日朝交渉の開始 …… 134
大久保の朝鮮政策論／宗氏派遣論／森山茂の派遣／国交樹立への動き／森山の交渉方針／清朝宗属関係の温存／森山交渉の開始
江華島事件 …… 149
森山交渉の決裂／広津弘信の提言／軍艦雲揚艦長井上良馨／江華島での砲撃事件／事件の対応／木戸の使節派遣論／大久保の対応／朝鮮政府の動き
日朝修好条規の調印 …… 166
朝鮮使節派遣の決定／朝鮮使節の任務／森有礼の批判／黒田清隆特命全権弁理大臣／避戦の立場／西郷隆盛の批判／黒田使節は征韓論なのか／黒田使節団の出発／日朝交渉／不平等条約日朝修好条規
大久保利通のめざしたもの―エピローグ …… 189
華夷秩序と大久保／富国化による「万国対峙」
あとがき
参考文献

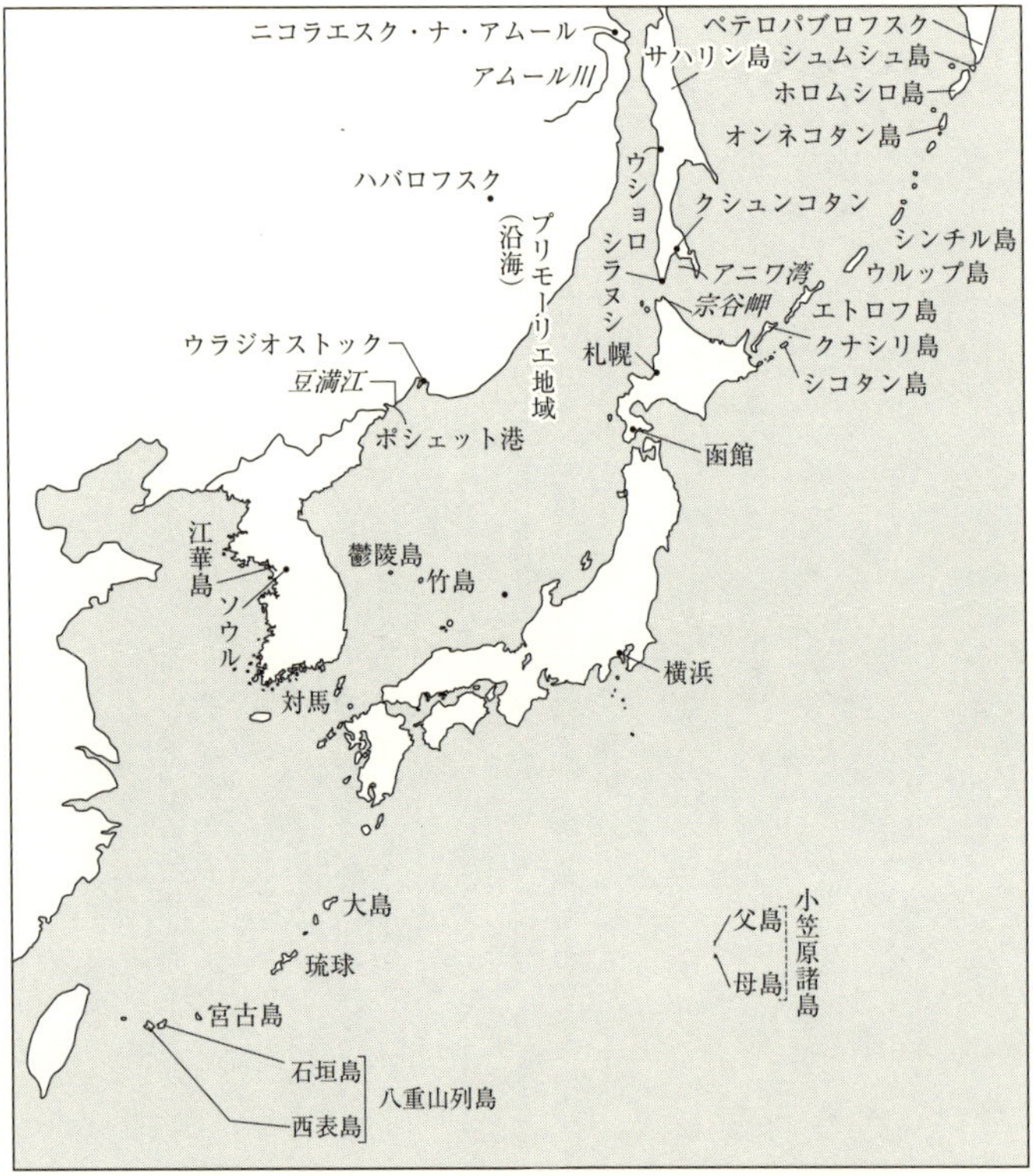

1870年代の東アジア（荒野泰典・石井正敏・村井章介編『日本の対外関係7 近代化する日本』吉川弘文館，2012年より）

大久保利通が直面した東アジア世界——プロローグ

1　大久保利通が直面した東アジア世界

明治維新と大久保利通

「維新の元勲、明治政府の建設者」。大《おお》久《く》保《ぼ》利通《としみち》の最初の伝記として、一九一〇～一一年（明治四三～四四）に刊行された、勝田孫彌『大久保利通伝』（全三巻）の「緒言」での大久保評である。同書は、現在においても資料的価値を失っていない大著である。筆者は、数多い大久保利通論のなかでこのフレーズが、最も的確な評価であると考えている。

大久保は、近世国家（幕藩体制）崩壊期における「維新の元勲」、近代国家形成期における「明治政府の建設者」であったように、明治維新の全期間にわたって中心的位置を占め続け、最も主体的に関わった人物である、とすることに異論はないと思われる。そして、

図1　大久保利通

今までの大久保に関する著作は、筆者も含めて内政面を重視する傾向が強かったことは否めない。本書の目的は、明治維新のなかで明治政府が展開した外交、とりわけ東アジア政策と大久保の関係に焦点を当て、その意義を検討することである。

明治初期における東アジア政策は、一八七三年（明治六）の征韓論政変後に成立した、大久保政権——大久保を中心とする明治政権の意味であって、決して大久保独裁政権や大久保専制政権というものではない——の時期に大きな動きをみせる。大久保政権以前、一八七一年からの岩倉使節団欧米回覧中の留守政府（三条実美《さんじょうさねとみ》・西郷隆盛《さいごうたかもり》・板垣退助《いたがきたいすけ》・副島《そえじま》種臣《たねおみ》・江《え》藤新平《とうしんぺい》・大隈重信《おおくましげのぶ》ら）の頃から顕在化していた、朝鮮・台湾（琉球）・樺太問題に一定の決着がみられたのである。

すなわち、七四年の台湾出兵とそれをめぐる清国との対立と妥協、同年末からの琉球併合に向けての急発進（七九年の琉球併合による南方の国境画定）、七五年のロシアとの樺太・千島交換条約の調印による北方の国境画定、同年の江華島事件をめぐる翌七六年の朝鮮への使節派遣と不平等条約である日朝修好条規の調印による日朝国交の樹立などである。この日朝修好条規によって、すでに七一年に調印されていた対等条約である日清修好条規とあいまって、明治前期の日清関係および日朝関係が定まっている。

本書の課題―華夷秩序のなかで

大久保（政権）が直面した一八七〇年代の東アジア世界は、華夷《かい》秩序と言われる特有の国際秩序に覆われていた。華夷秩序とは中国を中心とする上下関係であり、おおむね次のようなものである。中国が「華」（文明国で「宗主国」）であり、周辺の国々の多くを「夷」（野蛮国で「属国」）とする、上下の不平等な宗属関係である。そして、「属国」は「宗主国」中国の皇帝に従って使節を派遣する（朝貢《ちょうこう》）と、皇帝は見返りとして物品を与えるとともにその国の国王に任命する（冊封《さくほう》）という、朝貢・冊封関係を結ぶことになる。

上下関係と言っても、支配―被支配という近代的な権力関係ではなく、「宗主国」は「属国」の内政・外交に干渉しないのが原則であった。「属国」にとっては、「宗主国」との貿易によって多大の利益を得ることができるだけではなく、「宗主国」の保護を受けることによって自国の安全保障を安価で得られる、というメリットがあったのである。「属国」の必要性があると考えたならば、中国の周辺諸国は自らすすんでこの関係を結んだのであった。そして、「属国」の序列としては最上位に朝鮮国が、次いで琉球王国が位置づけられている。大久保（政権）は、こうした華夷秩序の最も濃厚な国々と交渉することになる。

日本は、江戸時代より華夷秩序からは離脱（自立）しており（それ以前は断続的に宗属関係を結んでいたが、離脱していた時期の方が長い）、明治政府は成立当初の一八六八年、外国交際は「宇内の公法」をもって行なうという「対外和親の布告」を出している。「宇内の公法」とは近代国際法、当時の「万国公法」である。すなわち、「万国公法」に準拠する国際法秩序に基づく外交政策の推進を標榜していた。近代国際法は、世界を文明国・半文明国（半未開国）・未開国（野蛮国）に三区分する（日本は半文明国）。文明国とは西洋文明（キリスト教文明）国であって具体的には欧米諸国であり、文明国は互いに平等な権利を認めあっている。その意味で不平等な華夷秩序とは異なる秩序であった。しかし、半文明国・未開国には平等な権利は認めず不平等を押しつけるものであった。

大久保（政権）は、近代国際法に立脚する東アジア政策を華夷秩序のなかで展開することになる。異なる秩序（原理）がぶつかることから、そこには当然両者の対立・相克がみられるだろう。その対立・相克の具体像の提示を第一の課題とする。この対立・相克は従来から指摘されており、何ら新しい視点ではないが、そこではともすれば両者の「対決」が強調されてきた（小風秀雅「華夷秩序と日本外交」〈明治維新史学会編『明治維新とアジア』〉）。「対決」し続けたならば、相手国との戦争となるであろう。しかし、戦争に至らずに落着している。そこには、「対決」のみならず「妥協」があったのである。

それでは、「妥協」をもたらしたものは何であったのか。この「妥協」の要因を提示することを第二の課題とする。筆者は、その要因を大久保（政権）が打ち出した国家目標（国家構想）から探ることにする。これまで大久保（政権）の東アジア政策は、征韓論《せいかんろん》に象徴される国権拡張主義による「力の政策」から説かれることが多かった（井上勝生『幕末・維新』）。本書は、東アジア政策を国家目標（国家構想）との関連で論じてみようとするものである。まずは、大久保が岩倉使節団の副団長として欧米視察中であった、留守政府の時期における東アジア問題からみていこう。

年月日の表記は西暦・陽暦を用い、適宜日本の年号を（　）で挿入したが、明治政府が一八七三年から陽暦を採用したことにより、その前の一八七二年までは陰暦で記した。

また、史料引用にあたっては、ルビをふったり表記を改めたりした部分があり、出典はそのつど本文中に（　）で、刊行書は『　』、未刊行文書は「　」で示した。ただし、大久保の史料引用については、煩雑となるので省略している。出典は、『大久保利通文書』『大久保利通関係文書』『大久保利通日記』（いずれもマツノ書店復刻版）である。

征韓論争と東アジア

留守政府と東アジア

琉球王国の位置

室町時代に統一国家として成立して以来、中国（明）と宗属関係（朝貢《ちょうこう》・冊封《さくほう》関係）を結んでいた琉球《りゅうきゅう》王国は、江戸時代初期（一六〇九年）に薩摩藩（島津家）の侵攻を受け、薩摩藩の「附庸《ふよう》」国（従属国）として位置づけられることになる。以後、江戸時代を通して琉球王国は独立国でありながらも、形式的に中国（明から清）に臣従するとともに、実質的には薩摩藩の支配下にある、という「両属」的地位にあった。「両属」と言っても、琉球王国は東アジア世界では清国を宗主国とする朝貢国であって、清国は薩摩藩との関係を公式に承認しているわけではなかった。江戸時代末の一八六六年（慶応二）に清国は、那覇首里《しゅり》城で琉球国王尚泰《しょうたい》の冊封式を行なっている。

ところが、明治政府は一八七一年（明治四）の廃藩置県で中央集権を成し遂げた後、琉球王国の「両属」関係を問題視し再編をはかることになる。七二年七月（明治五年五月）、大蔵省（この時期は財政のみならず殖産興業や地方行政をも管轄する最大の中央官庁）と外務省から琉球問題に関する建議が正院《せいいん》（当時の最高官庁）宛に出される。

大蔵省は、大輔（次官）井上馨《いのうえかおる》（長官大久保利通《おおくぼとしみち》は岩倉使節団副団長として、欧米視察中で不在）名の建議で次のように言う。

琉球の「携弐《けいじ》の罪」（中国と日本という二国に関係する罪）を問わずに「数百年」を過ごしてきたことは、「不都合」である。「維新の今日」においては、このような「曖昧」な「陋轍《ろうてつ》（悪い過去の事がら）」を「一掃」し、琉球を「我所轄」として「租税」をはじめとするすべてを、「内地」と同じ制度に「引き直」さなければならない（『世外井上公伝』一）。内政全般を担当し、とくに全国統一的租税制度（地租改正）の創出をもくろむ大蔵省から、琉球の急進的併合（日本内国化）論が打ち出されたのである。

これに対し外務省は、卿（長官）副島種臣《そえじまたねおみ》名の建議で次のように言う。琉球国王尚泰を琉球「藩王」に封じて「華族」に列し、外国との「私交」を停止させるべきである。外務省は、琉球の外交権の停止を要求しており、琉球の清国との宗属関係を考慮して併合という急進論ではなく、天皇による尚泰の琉球「藩王」冊封論を打ち出している。

琉球「藩王」冊封

こうした建議を受けた正院は、「携弐の罪」を問題として「曖昧」なことを正さなければならないとし、どのような「処分」を「可」とするか、と左院《さいん》（当時の立法審議機関）に諮問した。左院の答議は以下のようなものであった。

琉球は、「虚文ノ名」をもって清に「服従」し、日本には「要務ノ実」をもって「服従」している。このような「両属」を大蔵省や正院のように「不正」として、「一方的」に日本に所属させようとするならば、清と「争端」を開くことになり「無益」なことである。「要務ノ実」を得ていれば良いのであって、「虚文ノ名」を清に与えていることを正すことはない。そして、外務省建議に対しては、「私交」の停止は同意するが、「華族」宣下には反対し「藩王」としての冊封には異議を唱える。すでに「内地」では廃藩置県が実施されているので、「名義」上「藩」号は穏当でないことから用いず、「琉球王」冊封で「我帝国ノ所属」が明らかになる（松田道之編『琉球処分』）。

左院は、日清「両属」という現状を是認する立場から、一方的な併合策は清国との紛議をもたらすことから反対し、日本の「所属」を明らかにするためには天皇による冊封で十分であり、その措置により「両属」を「分明」にすべきである、と答申している。この答申を作成した人物に左院少議官宮島誠一郎《みやじませいいちろう》がいる。宮島は、二年後の七四年に琉球の単独日本帰属をはかって実行される台湾出兵に対し、左院をまとめて猛烈な反対を展開することになる。宮島が反対の論拠としたのが「両属」体制維持論である（後述）。

急進的な併合論（大蔵省）、漸進的な冊封論（外務省）、現状維持論（左院）が提起されるなか、明治政府（正院）は外務省の冊封論を採用する。七二年一〇月一六日（明治五年九月一四日）、琉球国王尚泰を「藩王」に冊封する、という詔書が上京した琉球使節に授与される。

尚泰「藩王」冊封は、日清「両属」体制を否定するものではなく、「曖昧」である「両属」関係を明確にするために行なわれた措置であった。すなわち、東アジア世界の国際秩序である朝貢・冊封関係を前提として清国と同様、冊封という行為によって天皇と琉球王の君臣関係を設定して、琉球の日本属国化（清国との「両属」）を明らかにすることである。今後は、「藩王」冊封の翌一七日の外務卿副島種臣建議が述べるように、「藩属体制」の徹底により「我政治制度」を漸進的に「宣布」することによって、左院が指摘した清国との

「争端」を危惧しながら、「両属」体制の解消（日本内国化）を進めることになる。

なお、外務省が「藩」号を提起したのは、廃藩置県まで日本国内に存在した「藩」というよりは、東アジアにおける宗主国と朝貢国との関係で使用される「藩属」や「藩属国」という理解においてである、という指摘（波平恒男『近代東アジア史のなかの琉球併合』）は重要である。廃藩置県後にあえて「藩」号を使用した意味は、このように理解されよう。また、外務省が要求した琉球の外国との「私交」停止は、琉球藩と各国との条約および交際事務を外務省の管轄とする、という一〇月三〇日（九月二八日）の太政官達によって実現されている。

台湾出兵論の提起

琉球「藩王」冊封が検討されていた頃、琉球問題に端を発する台湾出兵論が提起される。冊封前の一八七二年八月三一日（明治五年七月二八日）、鹿児島県参事（次官、長官の県令は空位）大山綱良《おおやまつなよし》は琉球人殺害の罪を問うため、台湾へ軍隊を派遣するので軍艦を借りたい、という政府宛の建議書を記した。

大山がこうした建議書を作成する契機となったのが、七一年一二月一七日（明治四年一一月六日）に台湾南端に漂着した琉球人（宮古島人）六六名中の五四名が、現地先住民によって殺害されたという事件である。難をのがれた一二名は清国に保護され、翌七二年七月（明治五年六月）に那覇に帰ってきた。当時、那覇に滞在していた鹿児島県人伊地知貞馨《いじちさだか》が殺害事件を知って事情を調査し、鹿児島に戻って早速大山に報告した。報告を受けた大山の台湾出兵建議書は、次のように言う。

琉球国は、昔から日本に「服属」し「恭順」を尽してきた。その琉球「属島」の宮古人が台湾に漂流し、「暴殺」された「残虐の罪」を容認することはできない。そこで、「問罪の師」（責任を追及するための軍隊）を出して、「彼（台湾）」を征伐したい（松田編『琉球処分』）。

江戸時代以来、琉球を「附庸」国としてきた鹿児島県人にとっては、琉球人殺害は看過できない事態であった。

大山建議書を携えて上京した伊地知は、九月一六日（八月一四日）に外務卿副島種臣に会って建議書を提出した。伊地知の上京よりも一足早く、琉球人殺害事件を在京鹿児島県人に知らせたのが陸軍少佐樺山資紀《かばやますけのり》であった。樺山は鎮西探題《ちんぜいたんだい》第二分営（鹿児島）の分営長であり、大山から事件を聞くと陸軍省に報告するために東京に向かった。九月一一日（八月九日）に陸軍元帥兼参議の西郷隆盛を訪ねた後、陸軍省に出向き陸軍少輔西郷従道《さいごうつぐみち》（隆盛《たかもり》の弟）に会って事件を報じている。以後、樺山は政府首脳部に働きかけることになる。

台湾領有論の登場

大山建議や樺山の運動を受けた外務省では、長官副島種臣を中心として対策が練られていく。副島は一〇月、アメリカ公使デロングと清国アモイ駐在アメリカ領事リジェンドル（アメリカへの帰国途中に横浜に立ち寄ってい た）らと会談して台湾事情を聞き出している。デロングからは、交渉を優先させるものの台湾先住民地域は「浮きものにて、取るものの所有者」となる（国際法上無主の地である ので、先占国の領土にできる）、リジェンドルからは「ホルモサ（台湾）は弐千人の兵あれは容易に取れ」る、という発言を得ている（『日本外交文書』七）。なお、リジェンドルは副島の要望により、一二月に外務省准二等官（顧問）として採用された。副島はこうした意見を聞きながら、具体的な台湾対策を作成することになる。

一一月、外務省から意見書が出された。それは「問罪」出兵のみならず、台湾南東部（先住民地域）の領有を清国に要求し、拒否すれば清国南岸と台湾近海に軍艦を派遣して台湾を占領する、という軍事占領計画であった。副島は台湾領有（植民地化）を意図する出兵論を提起したのである。そして、軍事行動には制御し難い「武士」を動員することを想定していた。こうした強硬論に対し政府内では、大蔵大輔井上馨が「内務」優先論から最も反対し、参議大隈重信《おおくましげのぶ》も清国との交渉優先論から異を唱えた。

その後、一一月に入って台湾対策が内定する。有力な反対論もあって露骨な領有方針は撤回され、交渉優先論となった。すなわち、外務卿副島を清国に派遣し（表面上の目的は、清国皇帝の成婚慶賀の天皇親書奉呈と日清修好条規の批准書交換とする）、琉球に対する日本の主権を通告し、台湾先住民の琉球人に対する殺害行為に対し、補償と再発防止策を講じなければ日本が懲罰（出兵）するが、交渉は平和的解決に徹する、というものであった。

こうした決定により、一二月一九日（一一月一九日）副島に清国派遣の命令が下される（文面に台湾問題は見られない）。上述のように清国派遣の真の目的は、台湾問題というよりは琉球の日本主権の確定（「両属」体制を否定しての日本単独帰属）であった。主権問題は以後も一貫して追求される。そして、副島は台湾領有論（植民地化論）を懐《いだ》いて、翌七三年三月一二日に横浜を発つ。台湾出兵論が提起された頃、北方ではロシアとの間で樺太の領有権をめぐる問題がおこっている。

日露「雑居」の地樺太

一八五五年二月（安政元年一二月）、江戸幕府はロシア使節プチャーチンと日露和親条約（日露通好条約）を結んだ。この条約により日露間の国境が定められ、千島（クリル）列島ではエトロフ島とウルップ島との間（エトロフ島以南が日本領）となったが、樺太（サハリン）は「界を分たず、是迄仕来《しきたり》の通りたるべし」と境界を定めないことにした。その後、幕末の一八六七年（慶応三）に日露間で「カラフト島仮規則」が結ばれ、「両国共同の領土」であるので「両国人ともに全島の往来を自由とする」となった。いわゆる「雑居」の地とされたのである。以後、明治政府においても樺太の領有権問題は、ロシアとの懸案事項となっていく。

明治政府がロシアと樺太領有権問題について直接の交渉を行なうのは、一八七二年に入ってからである。七二年五月（明治五年四月）、ロシア最初の代理公使に任命されたビュッオフが東京に着任し、六月から外務卿副島種臣と交渉を開始する。ここでビュッオフが樺太全島領有を主張して分割論を受け入れないので、副島は全島の売却を提案する。これに対しビュッオフがロシアには買取り資金がないと応じると、副島はそれならば日本が全島購入すると申し出る。この買収案に対しては、ビュッオフはその決定権がないことから、本国政府に指示を仰ぐとして交渉は中断された。

翌七三年初め、ビュッオフは本国政府からの指示として、樺太は流刑地として必要なことから、日本に売り渡すことはできない、と副島に告げる。これに対し副島が、ロシアの全島領有論や売却論の拒否は、土地を奪うものであると詰問すると、ビュッオフは全島譲渡してくれるならば、ロシアは日本に相当の利益を与える用意があると答えている。樺太譲渡の代償にまで話が進んだのである。その際、副島は代償の一つとして朝鮮出兵時のロシアの中立を求める案を懐いていたようである。

副島・ビュツオフ会談は、日本の樺太放棄とその代償にまで話が進んだが、前述のように台湾（琉球）問題により副島が七三年三月に清国へ出かけることになり、ふたたび中断されることになった。

樺太での日露紛争

日露「雑居」の地となった樺太では、石炭採掘権や漁業権をめぐる紛糾が明治初年以来発生していた。そのなかでも外交問題にまでなったのが、七三年に樺太南端部の日本本拠地であるハッコトマリ（函泊）でおきた出火事件である。

ロシア軍は「カラフト島仮規則」に基づいて南下を始め、ハッコトマリに進出して陣営を構築したのが、六九年である。翌七〇年には、ロシアの桟橋築造工事を阻止しようとした日本外務省官員が、ロシア兵によって捕らわれる事件が発生している。そして、副島が清国天津《てんしん》に到着した七三年四月に出火事件がおこる。四月二二日、火の気のない日本の漁具倉庫が燃え上がった。この倉庫は以前からロシア側が撤去を申し入れていたが、日本側

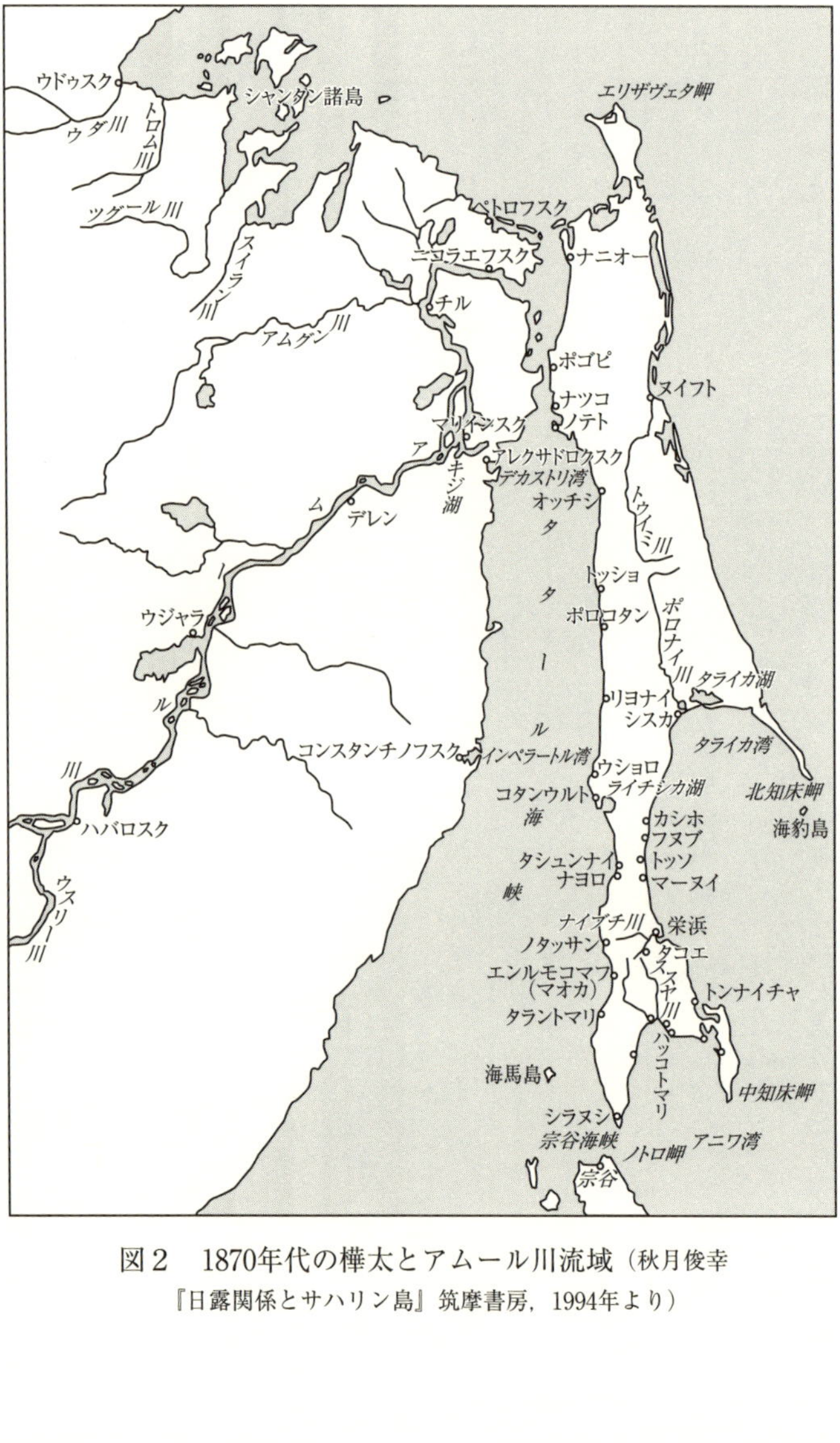

図２　1870年代の樺太とアムール川流域（秋月俊幸
『日露関係とサハリン島』筑摩書房，1994年より）

が拒否していたものであった。日本人漁民が消火にかけつけると、ロシア兵は消火作業を妨害し暴行を加えるのみならず薪に放火し、さらには番屋をも打ち壊そうとした（秋月俊幸『日露関係とサハリン島』）。

樺太在住の開拓使幹事堀基《ほりもとい》が厳重に抗議するも、ロシア側は出火原因は日本側にあるとし、暴行についても責任をとろうしなかった。堀は六月、開拓使本庁に報告するとともに「土地人民保護」のため、「精兵」の派遣を要請する。堀報告を受けた開拓使次官（長官は欠員なので最高責任者）黒田清隆《くろだきよたか》は、調査のため開拓使官員（安田定則《やすださだのり》）を現地に出張させたが、「精兵」派遣については「出来ざる事」と拒否している。しかし、黒田はその後九月に樺太出兵を建議することになる（後述）。

副島の清国派遣中、樺太においてハッコトマリ出火事件が生じ、副島帰国後に予定されていた国境交渉は、出火をめぐる紛争により先送りされることになる。

日朝国交の停滞

江戸時代における徳川幕府は、いわゆる鎖国政策のもと、朝鮮とは対馬《つしま》藩を介して対等な外交関係（徳川将軍と朝鮮国王との外交関係）をもっていた。成立早々の明治政府は一八六九年二月（明治元年一二月）、対馬藩を通じて朝鮮に新政府樹立を通告する外交文書を送った。ところが、朝鮮はこの受取を拒否した。拒否理由としてあげた三点は、次のようなものであった。①対馬藩主の官位を上昇させている。②朝鮮にとって宗主国である清国の皇帝のみ使用できる「皇」「勅」という文字を、日本の天皇に用いている。③旧来の印ではなく新印を捺している。いずれも日本側の一方的な旧例変更であることを問題としている。とくに②は、日本と朝鮮が上下関係（皇帝と国王の関係）となることを意味し、従来の対等関係とは異なることから、朝鮮としてはとうてい認めるわけにはいかなかった。以後、日朝国交は停滞することとなる。

外務省は七〇年五月（明治三年四月）、停滞する朝鮮外交を打開するための基本方針として、次の三つのプランを提示した。①日本の「国力」充実まで国交を断絶する。②武力を伴う「皇使」（天皇の使節）を派遣して国交を要求し、拒否されたならば武力を行使する。③日清対等条約の締結を優先し、この条約をバックとして朝鮮に国交を要求する。このうち②の「皇使」派遣論がいわゆる征韓論《せいかんろん》であり、のち（七三年）の征韓論争において西郷隆盛が主張する朝鮮使節論である。そして、③は現存の華夷《かい》秩序（宗属関係）を利用するものであり、朝鮮の宗主国である清国との対等関係を前面に出し、清国の「属国」朝鮮を「一等を下し」たもの、として位置づけたうえでの交渉論である。

政府はこの時③を採用し、清国との条約締結交渉を先行させ、翌七一年九月（明治四年七月）に対等条約である日清修好条規を締結する。征韓（武力行使）という強硬策を回避し、華夷秩序をたくみに利用する朝鮮政策を選択したのである。

日朝国交の断絶

清国との交渉優先政策が採られるなか、外務省は朝鮮に対して穏健策を試みる。対馬藩の提案した日朝政府対等交渉方式により、一八七〇年一一月（明治三年一〇月）外務省官員を派遣する。これは、天皇と朝鮮国王間の正式な国交交渉ではなく、まず政府間レベルの交渉を行なうというものであり、「皇」「勅」の文字を使用しない文書を携帯していた。しかし、朝鮮側は旧来のように対馬藩以外は相手にしない方針から拒否する。穏健策も空回りとなってしまう。

その後、朝鮮が信用する対馬藩主（宗氏）を派遣して交渉する、というプランも提起されたが、七一年八月（明治四年七月）の廃藩置県《はいはんちけん》による対馬藩自体の消滅により立ち消えとなった。そして、廃藩置県後に政府（外務省）は、朝鮮との外交権を完全に吸収することになる。

前述のように七一年九月に日清修好条規が締結されると、政府は「一等を下し」たことにした朝鮮に対し、強硬策を実施するようになる。七二年二月（明治五年一月）、副島種臣が長官となった外務省は、元対馬藩士相良正樹《さがらまさき》を朝鮮側が嫌う蒸気船で釜山《ふざん》に派遣した。

目的は、従来の対馬藩による「私交」を廃止し、外務省の「公交」とすることを通告することであり、拒否されれば倭館《わかん》（日本人のために朝鮮が設けた客館）を引き上げるよう指示していた。

交渉が難航すると相良らは六月、倭館を出て朝鮮の役所に押しかけ、直接交渉を求めるという強硬策を実行した。朝鮮側がこうした実力行動を批判し、最終的に拒否回答を送ると、相良らは早速帰国の途についた。その後、九月に外務卿副島は、外務省高官（花房義質《はなぶさよしもと》）を軍艦で釜山に派遣する。目的は、倭館を外務省の管轄として、在留者の引き上げを実施することであった。花房は倭館の接収業務を遂行し、翌月釜山を発った。一方的な倭館接収に対し朝鮮は抗議したが、倭館は明治政府の管理下となった（翌七三年二月に大日本公館と改称）。

明治初年以来、停滞しつつも何とか継続されてきた日朝交渉は七二年九月、断絶状態に入ってしまったのである。

西郷隆盛との対決

台湾出兵論の高揚

前述のように一八七三年（明治六）三月、外務卿副島種臣が日清修好条規の批准書交換を表面上の目的として、琉球人殺害の責任（台湾問題）を追及するために清国に派遣された。副島は四月三〇日に清国代表李鴻章《りこうしょう》と批准書を交換すると六月二一日、外務省官員柳原前光《やなぎはらさきみつ》と鄭永寧《ていえいねい》を清国総理衙門《そうりがもん》（清国外務省）に派遣し、台湾問題に関する清国の見解を訊ねさせた。

台湾先住民の琉球人殺害事件について質問すると、清国側は次のような回答を寄せてきた。

清国の朝貢国で「藩属」である琉球国の国民が殺害されたのであって、日本国民とは関

図3　副島種臣

係がないと思っている。また、台湾先住民地は清国の「政教」が及ばない「化外《けがい》」であることから、責任を負うことはできない。実状を調査して「他日」答えるので待っていて欲しい。

　これに対し柳原は、先住民地を「化外」とするならば、日本が「処置」するのみであると言い放っている（『日本外交文書』六）。なお、柳原は「属国」朝鮮の内政関与についても問うと、清国は朝鮮の「和戦権利」には関わらないと明言している。

　台湾問題についての日清交渉は、口頭でのやり取りであって、清国側の「化外」という言葉も文書に残されたわけではなかった。にもかかわらず副島は、六月二九日付の三条太政大臣宛報告書で次のように述べている。

　台湾先住民は「政教禁令」が及ばない「化外の民」であると清国が答え、都合良く「相済」んだものである。また、朝鮮に対しては「封冊献貢」の旧例を守るのみで、清国は朝鮮の「国政」には関係しないと「確答」した、と添えている（『日本外交文書』六）。

副島は、不確かな口頭発言を清国の正式見解として政府に報告し、清国を発って七月二五日に横浜に着いたのである。こうした無責任な「化外」報告が、台湾出兵論に大きな影響を与える。

副島の清国派遣前の七三年一月一三日、大原重実《おおはらしげみ》はフランス滞在中の岩倉具視《いわくらともみ》宛手紙で台湾問題の様子を次のように報じていた。

副島の派遣は琉球人殺害事件の「談判」であり、その目的は日清両属で「曖昧」であった琉球の「日本所属」を明確にして清国の責任を問うことである。そして、台湾を「討つの論」は西郷隆盛も「同意」であり、不満を懐く士族の「鬱憤《うつぷん》」を国外に漏らすという「策」である（『岩倉具視関係文書』五）。

政府内では、不平士族対策としての台湾出兵論が唱えられており、西郷隆盛も同意していたようである。

西郷隆盛は七月に入ると、出兵論を明確に主張するようになる。七月二一日の弟従道宛手紙で、台湾の「模様」が「少々」わかり、鹿児島県士族による出兵は「至極」宜しいと述べる（『西郷隆盛全集』三）。そして、西郷出兵論の背後には士族層の圧力があった。八月三日に西郷は、三条太政大臣に早期出兵を要求する手紙で次のように訴える。台湾問題について「世上」で「紛紜《ふんうん》」の議論があり、私も士族から「責め付け」られ「論難」を受けて「閉口」し、「困難の次第」となっているので「急速」な「処分」をお願いする（『西郷隆盛全集』三）。

七月から八月にかけて台湾出兵論は高まった。しかし、同時期に朝鮮問題が登場して征韓論争となり、台湾問題は一時棚上げされることになる。

朝鮮使節問題の登場

朝鮮釜山にある大日本公館駐在の外務省官員広津弘信《ひろつひろのぶ》は、七三年五月三一日に外務省に一通の報告書を送った。報告書は、日本人商人の密貿易を取り締まる朝鮮の掲示が大日本公館の壁に貼り出され、そこに日本を「無法の国」とするような「無礼の言」があることを伝え、掲示の写しを同封していた（『日本外交文書』六）。広津は、現地では「若手」は憤慨しているが「後日」談判の端緒となることとして無視し、追々の「廟算《びょうさん》（日本政府の方針）」を楽しみにして「一同耐忍」している状態であると書き添えている。

この報告を受けた外務省は（長官副島は渡清中で不在）、広津の期待する「廟算」を求めて閣議に議案を提出した。閣議の様子を記した議事録などは未発見であり、開催時期や審議内容は不明であるが、『岩倉公実記』や『自由党史』などによればおおむね次のようになる。

六月末から七月初め頃（釜山の大日本公館から東京の外務省に文書が到達するのに二〇日から一ヵ月かかる）、閣議が開かれて三条実美《さんじょうさねとみ》太政大臣以下、参議の西郷隆盛・板垣退助《いたがきたいすけ》・大隈重信・大木喬任《おおきたかとう》・江藤新平《えとうしんぺい》・後藤象二郎《ごとうしょうじろう》の計七名が出席した（西郷は病気のため欠席したとする説もあるが確証はない）。外務省の議案は、今回の掲示が出されるようでは不慮の「暴挙」を受けるおそれがあり、「国辱」にかかわることから「人民保護」のためにまず軍艦と陸軍を遣わし、その後に使節を派遣して「談判」すべきであるというものであった。

図4　板垣退助

この議案について、板垣が賛意を示して軍隊を送るよう主張した。これに対し西郷が反対し、軍隊ではなく使節を派遣し、朝鮮政府を諭して悔悟させるべきであり、自ら使節となることを提案した。板垣は自説を撤回して西郷案に同意し、江藤や後藤も賛成したが、副島外務卿が清国出張中のこともあり、この時は決定までには至らなかった。

副島は清国から七月二五日に横浜に着き、二七日に参内して天皇に帰国報告を行なった。副島帰国を待っていたかのように、病気療養中の西郷は二九日に板垣に手紙を送って、即時出兵論にはあらためて反対して次のように述べる。使節を派遣すれば朝鮮側が「暴挙」を行なうことは目に見えており、そうなれば朝鮮を「討つ」名分が立つ。使節として「暴殺」される覚悟はできているので、自らその任にあたりたい（『西郷隆盛全集』三）。

西郷朝鮮使節の内定

使節就任への希望を板垣に述べた後、西郷は三条太政大臣に閣議の開催を強く要求する。西郷の強要によって閣議は八月一七日に開かれた。西郷は体調不良のため欠席し、出席者は三条太政大臣以下、参議の板垣・大隈・大木・江藤・後藤の六名である。そこで、西郷提案の朝鮮使節（西郷使節）派遣論が内定され、岩倉使節団帰国後に再評議することが決定された。副島の清国での交渉結果―清国は朝鮮の「国政」には関与しないという発言―が、閣議では共有されていたであろう。そして、この決定は三条太政大臣より上奏されて天皇の裁可を得た。しかし、閣議を欠席した西郷にはこうした決定は正確には伝わっていなかった。

西郷の使節派遣論はどのように評価できるのであろうか。武力行使を否定した平和的・道義的交渉を行なうものであり、決して征韓論ではないという学説がかつて唱えられ（毛利敏彦『明治六年政変』）、現在においても少なからず支持されている。筆者は、使節派遣→朝鮮拒否→開戦、と最終的には朝鮮との戦争を期す征韓論であるととらえている。西郷は、閣議前日の一六日に三条太政大臣に語った内容を翌一七日、板垣宛手紙で次のように報告している。少し長くなるが、彼の意図を知るうえで最も重要な史料（手紙）となるので一部引用しながら、西郷征韓論を確認しておきたい。

まず、「戦いを直様《すぐさま》相始め候訳にては決してこれなく」、と即時出兵による開戦に反対する。しかし、開戦そのものを否定するわけではなく、「戦いは二段に相成り申し候」とする。すなわち、「全く戦いの意を持たず」に、ただ「隣交を薄する儀」を責めてこれまでの朝鮮の「不遜」を正し、今後の「隣交を厚くする」ための使節を派遣する。これが第一段であり、そうすれば、朝鮮側は必ず「軽蔑」の行動に出るのみならず、使節を「暴殺」することになり、これをキッカケとして第二段の開戦にもちこめる。なぜ、このような「二段」とするのか。これまでの朝鮮との国交交渉でも「討つべき道理」はあるけれども、「天下の人」（日本国民）はそのことを知らない。したがって、使節が「暴殺」されれば

「皆挙げて討つべきの罪」を知るようになる。「是非」ここまでもってこなければならない。これは、「内乱を冀《こいねが》う心を外に移して、国を興すの遠略」である（『西郷隆盛全集』三）。

非武装の平和的使節（「隣交を厚くする」）の派遣目的は、使節「暴殺」をもたらして朝鮮に「討つべきの罪」がある、という開戦の「道理」を明確にすることである、と政府最高首脳の三条太政大臣に訴えているのである。前述した一八七〇年に外務省が提起した皇使派遣論と同じ征韓論である。そして、西郷はこの軍事行動を「内乱を冀《こいねが》う心」を持つ士族の不満を「外に移す」と言うように、台湾出兵論と同様の外征策として位置づけていた。留守政府は、西郷朝鮮使節派遣という征韓論を内定したのであった。

大久保の帰国

八月一七日の閣議決定は、あくまでも内定であり岩倉使節団帰国後に再評議を行なうものであった。しかし、閣議を体調不良で欠席した西郷は、翌一八日に三条太政大臣邸を訪ねてこの決定を聞いたが、正式決定と思いこんでしまったようである。九月一二日、西郷は朝鮮に行く際に携帯する短銃を手配してくれた別府晋介《べっぷしんすけ》に礼状を出し、そのなかで九月二〇日までには出発するつもりであると書いている。また、朝鮮使節の目的は「第一憤発の種蒔き」である、と開戦の名目づくりであると別府にも述べている（『西郷隆盛全集』三）。

九月一三日、全権大使岩倉具視は副使伊藤博文《いとうひろぶみ》・山口尚芳《やまぐちなおよし》ら一行とともに横浜に着いた。ところで、大久保利通は三条太政大臣の召喚命令により、岩倉大使一行より一足早く五月二六日に帰国していたのである。しかし、参議ではないので西郷使節派遣を審議する閣議には参加できない。そこで、大久保は岩倉一行帰国後に政治行動をおこそうと考え、政局を避けるように八月一六日（閣議の前日）、関西旅行に出かけていた。

岩倉は帰国直後の九月一五日、三条太政大臣と今後の政治運営について協議し、「公論衆議」体制で諸問題を処理する必要性を確認し、この観点から三条が大久保利通を参議に登用することを打ち出した。そして、岩倉は同月一九日、フランス公使鮫島尚信《さめしまなおのぶ》に近況を知らせる手紙を送って、次のように述べている。

台湾「始末紛紜」は「即今着手」に至らず、朝鮮「征伐」も「即時」のことではない（『岩倉具視関係文書』五）。このように岩倉は、留守政府で議論されてきた台湾出兵問題や朝鮮使節問題に緊急性は感じていなかった。

こうした状況において、朝鮮問題を急浮上させたのが西郷隆盛であった。九月末、西郷は三条や岩倉に閣議を早く開くように強硬に要求する。そして、一〇月に入ると西郷以外の参議からも同様の要求が出されることになる。岩倉帰国後の再評議、という天皇の裁可がなされていることから当然の動きである。

一〇月四日、三条は岩倉に朝鮮問題についての覚書を送り、次のように述べる。西郷の使節論は「死を期」しているものであるから、政府としても「戦を期」さなければならない、と遣使は開戦に連なるものである。したがって、戦争の利害得失を検討しなければ使節派遣はできない（『岩倉公実記』下）。

三条は西郷から直接使節派遣論を聞いていたのである。使節派遣→朝鮮拒否→開戦（征韓論）という理解から、朝鮮政策の基本方針（領有か否か、開戦か否か）を閣議の議題とすべきであるとしたのである。一〇月九日、閣議は一二日に開くことが決まった。

ところが、三条は閣議前日の一一日に開催延期を西郷に伝える。遣使＝開戦を憂慮し、使節遣使自体の再検討を考えたのである。この通知を受けた西郷はすぐさま返信を送り、使節派遣の「御沙汰替え」のようなことがあれば、「勅命」が軽くなることから決して変更しないようにと強要する。そして、もしも中止するようなことがあれば、「死」をもって「国友へ謝」する、と自殺まで口にして早期決定を要求する（『西郷隆盛全集』三）。

西郷の手紙を受け取った三条は、岩倉に使節派遣自体は変更することなく、派遣延期論を提起する。使節中止により西郷が自殺するようなことがあれば、陸軍の暴発も予想されることからの先送り策であった。西郷の威圧的要求により、朝鮮政策そのものよりも遣使の即行か延期かという時期を問題にせざるを得なくなったのである。こうして西郷使節派遣が閣議で内定されると、突然のように樺太出兵論が提起されてくることになる。

樺太問題の急転回

ハッコトマリ出火事件により樺太国境交渉を中断していた外務卿副島種臣は八月三一日、ロシア代理公使ビュツオフに日露両国外務省官員による現地調査を提案した。これに対しビュツオフは九月二三日に同意する旨を副島に送り、一〇月六日から調査が開始されている。日露双方の尋問が行なわれ、ロシア沿海州で審理が始められた。

樺太現地調査について日露間で調整が行なわれていた九月二日、開拓使次官黒田清隆は三条太政大臣に一通の建議書を提出し、次のような要求を行なっている。

六月の堀基の樺太派兵要請に対しては、必ず「争端」を開き国家の「大害」を生ずることになるので、しばらく「忍」ぶべきであるとした。しかし、安田定則の報告を受けた「今日」に至っては、「平日」の条理で推し量ることは難しい。ロシアの「暴横不法」を傍観してこれを正さなかったならば、開拓次官の責任を尽すことはできない。事情が「切迫」している「今日」の要務は「辺備の兵」を出して、ロシアの暴動を禁じて「人民」の安全を図る以外にはない（『三条実美公年譜』）。

ハッコトマリ出火事件直後の堀出兵要求を抑え込んだ黒田は、それからわずか三ヵ月しか経っていない九月初め、樺太出兵を言いだしたのである。この時期は日露間で調整が行なわれており、安田定則の樺太調査報告は治安維持のための仮協定が結ばれたことを伝えている。現地は決して「切迫」している状況ではなかった。九月初めは西郷使節派遣が内定していた時期である。西郷の死を賭した朝鮮派遣を阻止する意図からの樺太出兵建議であろう。後述するように、一〇月一五日に西郷使節が正式決定した後に大久保とともに「秘策」によって、西郷派遣をストップさせたのが黒田である。なお、黒田は六年後の七九年四月の三条・岩倉宛手紙で次のように述べている。七三年に西郷の使節が決定されようとしたので、樺太事件を「急」にして朝鮮問題はしばらく「緩」にすべきであるとした（『岩倉具視関係文書』七）。

突然の黒田建議に対して西郷は、建議の同日に黒田に手紙を送って、樺太出兵については「雀躍《じゃくやく》」であると同意し、樺太で戦闘が始まれば朝鮮どころではなく、すぐに「振替」える「心底」である、と報じている。そして、三条は九月一〇日に西郷をはじめ大隈・後藤ら参議に黒田建議を回覧している。西郷は、一一日に樺太出兵は「小田原《おだわら》評《ひょう》定《じょう》」（長びいてなかなか決定しない会議）となり、実行は難しいと黒田に知らせているが、岩倉は樺太問題を重大視していた。岩倉は一九日のフランス公使鮫島尚信宛手紙で、樺太でのロシアの「暴動」は捨て置き難いとして「評議中」であり、いずれ日露間の「談判」が始まり「始末」がつけられると述べている（『岩倉具視関係文書』五）。

岩倉使節一行帰国後の九月中旬、黒田によって西郷の朝鮮使節派遣論に対抗する意図から、樺太問題がクローズアップされてきたのである。黒田は、九月二七日に樺太におけるロシアの「粗暴事件」の概略を各省・府県に送って、樺太の「処置」についての「見込」を求めている。

大久保の西郷使節反対論

前述のように大久保は、岩倉大使一行の帰国を待っていた。その大久保が関西旅行から東京に戻ったのは、岩倉帰国後の九月二一日であった。三条と岩倉は大久保に参議就任を要請する。大久保の参議登用は、前にみたように「公論衆議」体制の必要性から打ち出されたものであり、朝鮮問題への対応のみではなかった。ところが、九月末になって朝鮮問題と深く関わることになる。

大久保は、参議を引き受ければ朝鮮使節問題で西郷と衝突せざるを得ないことから就任を躊躇する。「熟慮」をかさねて一〇月八日にようやく受諾し（就任は一二日）、就任前日に岩倉に「西郷使節一条」については「愚力」を十分に尽す、と西郷との全面対決意図を告げる。なお、「公論衆議」体制から副島種臣も一三日に参議となる。

大久保は参議就任にあたって、アメリカ留学中の長男彦熊と次男伸熊（牧野伸顕《まきののぶあき》）に「遺書」を書き残し、悲壮な覚悟を次のように記している。全国「前途の目的」についての「存慮」を実現するためには、一〇年から二〇年の期間を必要とし、さらに国家に関わることは「深謀遠慮」によって決定しなければならない。西郷の使節派遣はこうした考えと相反するので、何としても止めさせなければならない。そのためには自ら参議となって、閣議で反対するほかない。西郷との対決の結果、陸軍や不平士族によって命を落とした、という「変」を外国で聞いて驚くであろうが。

大久保は二つの点から西郷に反対している。第一は、政策論の観点である。政策は、「恥」や「義」からではなく、「軽重」や「時勢」を考慮して策定しなければならない。西郷の言う使節論は、「軽重」や「時勢」を無視した場当たり的な「恥」や「義」からの主張にすぎず、なんら「深謀遠慮」による将来を見すえた統一的政策とはなっていない。第二は、日朝戦争を阻止する観点であり、戦争のもたらす弊害を指摘する。士族反乱や民衆騒擾《そうじょう》の誘発、軍事費増大による財政危機、富国路線の挫折、輸出入不均衡の増大、ロシア南下策の助長、イギリスの内政干渉、条約改正の障害などである。

大久保は、西郷の使節論を政策として未熟であり、三条と同じように日朝戦争をもたらすものとみなして反対したのであった。そして、西郷が即時の使節派遣を強硬に要求したことから、使節派遣自体よりも即時か延期かという時期を争点とした。即時にこだわる西郷にとって、延期されるならば使節派遣論は崩壊すると大久保は判断したのである。

西郷使節の決定

朝鮮使節問題の閣議は一〇月一四日に開かれた。議題は朝鮮使節派遣の即行か延期かである。出席者は、太政大臣三条と右大臣岩倉、参議の大久保・西郷・大隈・板垣・副島・江藤・後藤・大木の一〇名である（参議の木戸《きど》孝允《たかよし》は病気で欠席）。

閣議の様子は、二三日に天皇に報告した岩倉上奏文によれば次のようであった。まず、三条と岩倉が外交における三大課題（樺太・台湾・朝鮮問題）のなかで、樺太問題が最も急務であること、また朝鮮との戦争準備が不足していることを理由として、日朝戦争をもたらす使節派遣の延期を主張した。これに対し西郷以外の参議は、すべて同意したと岩倉は述べている。板垣のような積極的な開戦論者であっても、戦争の準備不足は明らかなことから、中止ではなく延期論なら妥協できるものであった。こうした流れを一変させたのが西郷である。西郷があくまでも即時派遣を求めたことから、大久保・大隈・大木以外の参議は動揺して結論は出せなかった。

板垣は後日、宮島誠一郎に次のように語っている。

図5　橋本周延「征韓論之図」（東京経済大学図書館所蔵）

を立て、朝鮮との開戦にあたっては「目的」したがって、おもむろに進めるべきである。しかし、西郷の「急に討つ」ような「征韓」を「切迫」に主張することには同意できなかった。しかし、西郷が「破裂」すれば国内は整わないことから、むしろ西郷とともに「急撃」することとなった（「宮島誠一郎日記」）。閣議の大勢を決したのは、西郷の「切迫」論だったようである。

翌一五日の閣議、西郷は言うべきことは前日に言ったと欠席し、九名での会議となった。大久保の日記によれば、前日と同じ延期論を主張したのは大久保のみであり、

他の参議は即行論に賛成した（とくに板垣と副島が積極的賛成）。そして、最終決定は三条と岩倉の両人に任せることにして、参議は全員退室した。しばらくして岩倉は、即行論に決したと告げた。これに対し大久保は反対したが、他の参議は異存なく閣議は使節派遣を了承した。

そもそも、三条と岩倉両名は延期論であったが、最後の段階で変貌したのが三条である。三条は閣議直後、岩倉に次のような弁明の手紙を送っている。今日の閣議で論を変えたことは申し訳ない。大久保も「不平」と思うが、西郷の「進退」について容易ならざることを「心配」したからである（『大久保利通文書』五）。三条を最終的に決断させたのは、やはり西郷の「切迫」論であった。

朝鮮使節派遣が閣議で内定された八月一七日、正式決定された一〇月一五日、西郷はいずれも欠席していた。西郷不在の閣議で西郷使節（征韓論）は決定されたのである。

大久保の「秘策」

一五日の閣議で西郷使節派遣論が決定され、完全に敗北した大久保は、「断然」辞表の「決心」であると日記に書く。一方、岩倉は同日の閣議後に大久保に謝罪の手紙を送るとともに、大隈と伊藤にも手紙を送って「人事の限り」を尽して使節派遣を中止させる決意を述べる（『大隈重信関係文書』二）。そして、翌一六日に岩倉は三条に派遣撤回を求めるが三条が拒否したことから、それならば使節派遣にともなう日朝戦争の「方略」を「評議」する必要があるのではないか、と申し入れている。岩倉は、閣議決定の上奏を少しでも遅らせよう、と考えたのであろう。「方略」を審議する閣議を開けば、上奏はその後になるからである。三条は岩倉提案を受け入れ、「方略」閣議を一七日に開くことにした。

一七日、大久保と木戸が辞表を提出した。岩倉も三条に辞意とともに、病気を理由として閣議の欠席を届け出た。そこで、三条は閣議を一八日に延期することを岩倉に通知した。上奏は先送りとなった。一七日の夜、辞意を告げられた三条は岩倉邸を訪ねた。三条が使節派遣を撤回するつもりはないと強く主張すると、岩倉はいたしかたないと辞職を決意する。三条と岩倉の決裂であった。岩倉邸から戻った三条は、深夜に西郷を呼び寄せて明け方まで話し込んでいる。西郷が帰った一八日早朝、三条は「昏睡」状態に陥り、「人事不省」となった。

三条の発病により、一八日の閣議はまたも延期された。翌一九日、閣議（出席者は江藤・大木・後藤・副島）が午前九時から開かれ、右大臣岩倉を太政大臣代理とすることを決定し、即日宮内卿徳大寺実則《とくだいじさねつね》が奏請する。翌二〇日、天皇自ら岩倉邸に赴き太政大臣代理就任の勅命を授けている。

岩倉太政大臣代理が決定した一九日の午後、大久保は黒田清隆に「秘策」を提案して黒田は同意する。そして、黒田が「秘策」を宮内省の吉井友実《よしいともざね》（大久保・黒田と同じ鹿児島県出身）に伝え、同一九日の夜に吉井から徳大寺宮内卿に授けられ、翌二〇日に徳大寺が「秘策」を実行している。

「秘策」とは

それでは、「秘策」とは何であろうか。前述の経緯から明らかなように、「秘策」は宮内卿徳大寺が行なったものである。大久保は、一九日に太政大臣代理岩倉による上奏が可能となった事態において、岩倉が閣議決定の使節即行論と岩倉個人の見解としての延期論の両論を上奏し、天皇に延期論を嘉納させることによって即行論を葬り去る、という策略を練り上げた。天皇の裁断による閣議決定の逆転工作である。

この策略が成功するかどうかは、ひとえに天皇の意思にかかっている。天皇が即行論を採用すれば、大久保の失脚となる。したがって、岩倉の正式上奏前に天皇を延期論で拘束することが必要となり、徳大寺から延期論のみ秘密に上奏させる「秘策」を案出したのである。徳大寺は二二日、岩倉に「秘策」（秘密上奏）実行を次のように報告している。「過日」（二〇日）「極内々」に奏上して、天皇はこの延期論に同意した。今後、誰が「切迫」言上しても天皇が延期論を動かさないように注意し、東久世《ひがしくぜ》通禧《みちとみ》侍従長とともに天皇をガードしているので安心して欲しい（「岩倉具視関係文書」）。天皇は正式上奏前の「秘策」によって、閣議決定とは異なる、大久保・岩倉の延期論に賛意を示したのである。「秘策」実行後の二一日、大久保は岩倉を訪ねて正式の上奏文を検討し、二三日に上奏することを確認している。

　大久保らがこうした「秘策」を行なったことは、西郷らの征韓派参議は知るよしもなかった。徳大寺が秘密に上奏した二〇日、副島種臣は太政大臣代理岩倉に樺太・台湾・朝鮮問題についての詳細なる「評議」を行なうことを要求し、岩倉も同意して閣議は二二日と決まった。朝鮮問題に関する議題は当然、使節派遣→開戦という「方略手順」となろう。しかし、副島と板垣の間で議題の一致がみられず、二二日の閣議を開くことはできなくなった。

　閣議を取り止めた二二日、西郷・板垣・副島・江藤らは岩倉邸に押しかけ、閣議決定（使節派遣即行論）を速やかに上奏するように要求した。これに対し岩倉は、即行論ととともに「秘策」を背景として自己の見解としての延期論も上奏して「宸断《しんだん》」を仰ぐ、と突っぱねて岩倉邸は激論の場となった。その際、西郷は岩倉が上奏しなければ、参議の我々が直接上奏すると主張していた。そこで岩倉は、西郷らが「致し方ない」と引き下がった後に参議による上奏を警戒し、宮内卿徳大寺に天皇周辺のガードを要請している。また、岩倉から報告を受けた大久保は、皇居のほうは徳大寺の尽力により「気遣い」はなく、「格別」のこともないようだと「秘策」の勝利を信じて、西郷以下の辞職後の人事や政府組織に思いをはせている。

天皇裁断による政変

一〇月二三日午前九時、岩倉太政大臣代理は予定通り「閣議の顚末」（即行論）と「意見書」（延期論）の両論を上奏して「聖断」を仰いだ。この岩倉の両論上奏行動について、板垣ら征韓派参議が対抗策を企てていたことを、伊藤博文が二五日の木戸孝允宛手紙で報じている。伊藤は板垣の内話として次のように述べる。

後藤が提起した「窮策」のようであるが、岩倉の両論上奏を「過失」として、参議連名の弾劾上奏によって岩倉を追放する策略を板垣らは練っている。この「窮策」に対して西郷は、それでは「私怨」から「公事」を害するようなものであり、同意することはできないとし、「議論」が合わないから辞職するのである、と言い放っていち早く辞表を提出したようである。その後、副島邸で板垣・副島・江藤・後藤が話し合ったが、「定論」を得られずに「病」を理由とする辞職に決したと（『木戸孝允関係文書』一）。

図6　岩倉具視

岩倉上奏に対し天皇は、国家の大事であることから熟慮して答えは明日に延ばすとし、朝鮮・樺太に関する書類の速やかなる提出を命じた。翌二四日、天皇は参内した岩倉に「具視の奏状」（延期論）を嘉納するという勅書を授けた。

ここに、閣議決定であった西郷使節派遣論は、天皇によって否定されたかたちとなった。西郷の参議・近衛都督の辞表は受理され（陸軍大将はそのまま）、大久保・木戸の辞表は却下された。板垣・副島・江藤・後藤の四参議は、最後に計画した弾劾上奏による岩倉追放策が空振りに終わったことから、同二四日に辞表を提出した（二五日に受理される）。

大久保・岩倉の「秘策」によって閣議決定は不当にも否定された。征韓論（朝鮮使節派遺問題）をめぐる対立は、こうして決着した。征韓論政変という政府の大分裂である。大久保にとっては、幕末以来行動をともにしてきた西郷との別れであった。「秘策」に関わった黒田清隆は、二三日に大久保に次のような手紙を送っている。

私の「心事」を追懐するならば、西郷に対して大いに「恥入る」次第である。西郷とはかねて死ぬ時は一緒と決め、また「恩義」もある。止むを得ないことではあるが、どのようにに「謝し」たらよいのであろうか。他日、「地下」において謝するしかないと決心した（『大久保利通文書』五）。

黒田の詫び状に対し大久保は、「私情」においては忍び難いものがあるが、「大公無私」から「国事」のためにやむを得なかったことであり少しも恥入ることはない、と返事を送っている。

大久保政権の成立

民力養成論

　板垣退助・副島種臣・江藤新平・後藤象二郎の辞表が受理された一八七三年（明治六）一〇月二五日、あらたに伊藤博文と勝海舟《かつかいしゅう》が参議に就任した。この時点における参議は、大久保利通・木戸孝允・大隈重信・大木喬任・伊藤・勝となる（その後、二八日に寺島宗則《てらしまむねのり》が参議就任）。新たな陣容が固まった二五日の夜、大久保は大隈邸で大隈・伊藤との提携を策して三者会談を開いた。そこで、今後の「目的」を確定して政府の「基礎」を固めることについて合意に達する。大久保が大隈と伊藤を両翼に据えて、参議として政府の主導権を掌握する体制、大久保政権の成立である。大久保を中心とする体制であって、決して大久保独裁政権あるいは大久保専制政権という意味ではない。

そして、大久保政権の政治理念として、従来説かれてきたのが「内治優先論」である。しかし、筆者は拙著『内務省と明治国家形成』（二〇〇二年）で論じたように、「内治優先論」という言葉は、単に外政より内政を優先するという意味でしかなく、問題とすべきは「内治」の内容そのものであり、その内容を示すものとして民力養成論を唱えてきた。それでは、民力養成論とはどのようなものなのか。

図7　伊藤博文

民力養成の「民力」とは、二四日に出された勅書（国家意思）で使われている語句である。勅書には、今後の進むべき途として「国政を整え民力を養い勉めて成功を永遠に期すべし」を方針とし、その観点から岩倉上奏文を嘉納するという「朕」の意を「奉承」せよ、とある（『明治天皇紀』三）。つまり、「民力を養い」を国家目標とし、その内容は天皇が採用した岩倉上奏文（意見書）で表明されていることになる。

岩倉上奏文は、大久保と岩倉具視が作成して最終的には大隈・伊藤・大木らの協議によってまとめられているように、大久保政権の共同見解である（拙著『内務省と明治国家形成』）。岩倉上奏文から民力養成論の内容をみていこう。上奏文は次のように主張している。明治政府発足以来の国家目標は、幕末以来の不平等条約体制から脱け出して国権を回復し、国家の基礎を固めて保安の道を尽すことである。そして、その目標を達成するためには条約改正を実現しなければならず、岩倉使節団の使命もここにあった。しかし、欧米視察の体験によって改正は容易ではなく、一朝一夕に実現するものではなく「実効実力」がなければ難しいことを知った。条約改正のためには「実効実力」をあらわすことが絶対に必要である。したがって、当面の課題は「実効実力」をあらわすために、「政理」を整えて「民力」を厚くするという結論に達した。そこで、今後の国家目標は、「民力」を厚くして「実効」を立て、その「実力」を用いて国権回復（条約改正）をめざすこと、としなければならない（『岩倉公実記』下）。

この上奏文を採用して、勅書は「民力を養い」という民力養成論を掲げたのである。また、上奏文は「軽く」行なう「外事」を否定し、「外事」は国内・国際情勢を考慮し、「順序目的」を定めて実施しなければならないことを強調している。つまり、民力養成論は外征策（「外事」）をも含む総合的・統一的政策として提起されているが、民力養成を阻害する対外戦争はあくまでも否定されている。大久保・岩倉が西郷使節派遣論に反対したのは、日朝戦争に発展する可能性が大きいと判断したからであった。

大久保の欧米体験

こうした民力養成論を大久保が主張するようになったのは、岩倉使節団の副団長として欧米を視察した体験が大きかった。少し後戻りして、大久保の欧米回覧をみておこう。

岩倉使節団は最初の訪問地アメリカで、当初は予定していなかった条約改正交渉を行なうことになった。しかし、交渉に必要な全権委任状を使節団は持っていなかったので、大久保は伊藤とともに委任状をとるため、日本に一時帰国することとなった。個別の条約改正は日本に不利になることをようやく理解した使節団は、大久保が委任状を得てアメリカに戻った時に交渉打ち切りを決めていた。使節団はアメリカに七ヵ月いたが、大久保は半分以上の四ヵ月間を条約改正問題に振り回された。アメリカの印象・感想を大久保はほとんど書き残していない。

大久保に大きな影響を与えたのは、次に訪問したヨーロッパ諸国（イギリス・フランス・ドイツ）であった。イギリスでは、各地の工場を訪れて「黒煙」に驚嘆している。資

図8　岩倉使節団（左より木戸孝允・山口尚芳・岩倉具視・伊藤博文・大久保利通）

本主義国として世界に君臨するイギリスの富強の源泉を、工場すなわち工業力に見出している。フランスでは大統領ティエールを「豪傑」とし、彼のパリ・コンミューンを制圧した力に「感伏」している。また、ドイツでは宰相ビスマルクを「大先生」と評し、小国プロシアを軍事力によって大国ドイツにのしあげた政治力に感銘している。とともに、日本との落差が想像以上であることも実感させられ、大きなショックを受けて今後の展望に自信を失いかけてもいた。

大久保は、欧米資本主義は長い期間をかけて成立したものであり、日本との落差はあまりにも大きいことを痛感した。したがって、短期間に西洋文明を採り入れることは不可能であり、急速な移植を行なえば表面的な近代化に終わり、かえって弊害が多いことから、日本の実情に合わせた漸進主義による西洋化を進めるべきである、ということを学んだ。こうしたことは、大久保のみならず岩倉使節団メンバーの共通した認識となった。

それでは、岩倉使節団は視察を終えてどのような方向をめざそうとしたのだろうか。岩倉は帰国直後（九月下旬）、今後の施策について参議と各省に次のような諮問を行なっている。各国巡遊の使命を達して帰国したので、意見を上奏することになるが、それにつき今後は専ら「国政を整え民力を厚くすべき」ことに「奮勉」従事するつもりである。ついては、その「目的」に沿うような「見込」を出してほしい（『岩倉具視関係文書』七）。

欧米視察の体験に基づく改革方針として、国政整備とともに「民力を厚く」するという民力養成論は、征韓論争前に打ち出されていたのである。大久保・岩倉が西郷使節派遣論に反対する論拠として掲げた民力養成論は、決して付け焼刃的なものではなかった。

樺太問題の着手

前述の一〇月二五日における大久保政権の成立を告げる三者（大久保・大隈・伊藤）会談にあたって、大久保は伊藤に政府の「実跡」をあげる重要性を訴えている。宮中工作によって閣議決定を逆転させた大久保にとって、新政権の正当性を得るためにも「実跡」作りが緊急の課題となったのである。

二七日、大久保は岩倉に「樺太《からふと》事件」（樺太問題）の評議が「肝要」で是非「前議」の通りでなかったら「信義」を失う、と述べる。翌二八日にも岩倉に「樺太混雑裁判」のことと「境界談判」（国境画定交渉）は、「前議の決定」通りに確定しなければ「信義」が立たず、「旧参議」に対して申訳なく、私も政府にいることはできない、と書き送っている。

前述のように閣議で大久保と岩倉は、西郷使節派遣論に反対する理由として、樺太問題先決論を掲げていた。樺太問題とは岩倉上奏文によれば、「樺太の事」が目前の急務であり、これらの「事情」を審らかにして、「朝鮮連與《れんよ》の意」を断って「万全」を保つとある。すなわち、日露間の紛争（ハッコトマリ出火事件）処理問題と国境問題をまず解決して、次いでロシアの朝鮮「連與（関与・進出）」を防ぐことである。大久保・岩倉が樺太問題を持ちだしたのは、とくに緊急性があったわけではなく、あくまでも西郷使節派遣（日朝戦争）を阻止するためであった。日朝戦争を主張する西郷等に対し、先決問題として国境問題のみならずロシアの朝鮮進出防止策としての中立確保が必要である、と応酬したのである。

そうした大久保にとって、樺太問題は「前議」すなわち辞職した征韓派参議らとの論戦から、「信義」に関わることであり、具体的な方針を打ち出すことが「実跡」の一つにほかならなかったのである。ここに、樺太問題がにわかに緊急性を帯びてきたのである。と言っても、日朝戦争を回避したことからロシア中立問題は当面の課題ではなくなり、紛争・国境両問題が具体的議題となった。樺太問題の閣議は二九日に開かれる。

一一月二日、副島の後任として外務卿となった寺島宗則とロシア代理公使ビュツオフの会談が行なわれた。この会談後に寺島は、前任者の副島に交渉を委ねる方がよいと大久保に申し入れている。これに対し大久保は、副島登用策とともにビュツオフを相手とする交渉を明確に否定し、ロシアに使節を派遣してまず紛争問題を次いで国境問題を直接交渉すべきである（ロシア中立問題には触れていない）、という意見を岩倉に伝えている。大久保提起のロシア使節派遣は、一一月一九日の閣議で決定される。

樺太・千島交換条約

その後、政府内で異論が出されたが大久保が押し切り、大久保の推挙により翌七四年一月一〇日、ロシア使節として榎本武揚《えのもとたけあき》が決定し、一月一八日に榎本は特命全権公使に任じられる。榎本公使が決定すると二月二日、三条実美太政大臣はロシア使節→朝鮮使節という順序のもとでロシアとの交渉方針を岩倉と

図9　榎本武揚

大久保に示す。そこでは、まずハッコトマリ出火事件を解決し、次いで国境問題の協議に入るとなっている。そして、この方針に基づき三月五日、次のような国境交渉に関する「訓状」が榎本に与えられた。樺太「雑居」を廃してロシアに譲り、代償として千島列島全島を獲得せよ（『日本外交文書』七）。日朝戦争を想定してロシアに中立を求めることは、代償として「訓状」には盛られていない。

榎本は三月一〇日にロシアに向け横浜を発ち、首都ペテルブルクには六月一〇日に着いて、八月から交渉を開始した。榎本は方針通り、まずハッコトマリ出火事件の審理について訊ねたが、審理の場（沿海州）が遠隔地である、ということで返答を待たされることになった。次いで、国境問題の交渉は一一月から始まった。

樺太譲渡の代償として当初榎本は、政府の「訓状」にはなかった「征韓」（朝鮮出兵）時におけるロシアの中立（不介入）要求を考えていた。しかし、ロシアは沿海州から朝鮮半島に進出する可能性は低い、という認識を現地で得た榎本はその要求を提起することはなかった。代償としての千島列島全島の要求をロシアは受け入れ、七五年五月七日に樺太・千島交換条約（樺太＝ロシア領、千島列島＝日本領）は調印された。樺太「雑居」は解消され、ここに北方の国境が画定された。

樺太をめぐるロシアとの国境交渉は、留守政府の副島外務卿時代に始められていたものである。その後、征韓論争によって東アジア問題のなかで最優先課題として浮上し、大久保政権によって朝鮮・台湾問題に先んじて着手されることになったのである。朝鮮問題が樺太問題を加速させたものと言えよう。

台湾出兵論の浮上

大久保は、朝鮮使節問題により一時棚上げされていた台湾出兵論にも、征韓論政変後に取り組み始める。前述のように七三年一一月一九日にロシア使節派遣を閣議決定した大久保は一二月一七日、海軍省の児玉利国《こだまとしくに》と成富清風《なるとみきよかぜ》を自宅に招いて台湾事情を入手している（児玉と成富は七三年八月から樺山資紀に随って台湾を調査し帰国したばかり）。両名から情報を得た後の二〇日、「其のままでは」済まないと岩倉に書き送っている。そして、その動きに拍車をかけたのが、司法省警保寮の坂元純熙《さかもとすみひろ》・国分友諒《こくぶともさね》ら鹿児島県士族の行動であった。

一二月下旬、坂元・国分らは三条太政大臣に西郷隆盛らの復職と征韓の断行を執拗に要求する。こうした坂元らの直接行動に対し三条は、翌七四年一月九日に征韓実行要求を拒絶し、その替わりとしての台湾出兵を坂本らに約束することになる。前述のように台湾出兵については、副島種臣が清国の承認を得たという報告をしており、これにより日清戦争に発展する可能性はないとの判断があった。坂元ら鹿児島県士族の動きにより、征韓論に替わるものとして台湾出兵論が急浮上したのである。こうして、一月一八日に台湾問題の閣議が開かれ、同月二六日に大久保と大隈の両名が朝鮮問題とともに台湾問題の担当者として決定された。台湾出兵も朝鮮問題によって実行が急がれることになったのである。

そして、この七三年一一月から翌七四年一月にかけて、政府内部においていくつかの具体的な台湾出兵論が提起されてくる。佐賀県士族で陸軍少佐の福島九成《ふくしまきゅうせい》（七二年五月から清国留学、七三年二月に清国視察の命を受け、五月から台湾を調査して九月に帰国）、樺山資紀とともに台湾調査を行なった海軍省の児玉利国と成富清風、副島大使の随行員であった外務省の柳原前光と鄭永寧らの意見である。

福島は七三年一一月に外務省に建白書を提出し、翌七四年一月に「蕃地処分私記」、二月に「予め蕃地を処分すべき方法」と立て続けに意見書を書いて、次のように主張する。

台湾植民地論の提起

台湾を探索した結果、清国の領土は台湾西部のみであり、東部は主権の及ばない「蕃《ばん》地《ち》」であることが明らかとなった。「蕃地」の原住民は「生蕃《せいばん》」「土蕃《どばん》」「熟蕃《じゅくばん》」と大別できる。琉球人を殺害したのは「兇暴」な「生蕃」であるが南方の一部にすぎなく、大半は「熟蕃」を含む「土蕃」である（「土蕃」は「人情」を備えており、「熟蕃」は「土蕃」の「順従化」が進んだもの）。そこで、琉球人殺害を理由に「蕃地」に出兵して領有し、さらには「清地」（台湾西部）をも合わせた台湾全土を植民地化する。出兵にあたっては、清国との紛議が生じても無視して強行すべきである。そして、領有実現後は軍事基地の造営、港湾の整備、清国との中継貿易、日本語教育の実施、商館の建設など植民地経営策を進める。

成富は七三年一二月、「台湾地方の事情」を提出して次のように言う。「生蕃」に対しては、軍艦を派遣して「蕃人の肝」を破れば一挙に「掃蕩《そうとう》」できる。次いで、華士族の「有財者」や豪商に資金をださせ、「蕃人」を懐柔して開墾させれば、政府の「費財」を少なくして台湾を得ることができる。さらに、台湾は琉球の西南に位置する「皇国の門戸」であることから、「強壮」な「生蕃」を兵として訓練すれば西南の「一藩屏」ともなる、と国防上の重要性をも指摘する。

児玉は七四年二月、台湾処分「実地見込」を提出して次のように言う。まず、出兵事前策として処分実施機関の設立、領事の派遣、商社の出張、全島測量および上陸地の実測、開墾用の鹿児島県人の徴募、道路建設警備の巡査の選抜、「熟蕃」による「生蕃」慰撫方式を掲げる。次いで、出兵による領有化後に「台湾開拓使」を置いて日本人を移住させる。

柳原と鄭は七四年一月二九日、大隈重信の依頼により「台湾処分要略」を作成する。この第一条には「我が藩属たる琉球人民」が殺害されたことに対して「報復し其地を拠有」すべき、と「報復」のみならず「拠有」という植民地化の意図が明記されている。そして、第五条にはまず「実力」（軍事行動）を実行し、その後に「弁説」（交渉）を行なえば「琉《りゅう》球《きゅう》を定め台湾を取」ることができる、と琉球の日本帰属確定と台湾領有を出兵目的に掲げている。さらに、第六条には台湾植民地化政策を協議・決定するため、「台湾事務局」設立の構想も盛られている。

台湾出兵が正式決定された頃、政府内部においてはこのような台湾植民地化構想が提起されていた。これらは、前年における副島外務卿の出兵論と同じ性格である。

大久保政権が朝鮮問題に先立って、樺太問題に着手していた七三年一一月四日、政変後最初の朝鮮問題についての閣議が開かれ、八日にはあらためて樺太問題→朝鮮問題という順番で進めることが閣議で確認された。そして、一一月一九日には大久保は伊藤と「樺太朝鮮順序目的」のことを話し合い、伊藤に「異存」はないと日記に書いている。しかし、一二月下旬に三条太政大臣の言動により、朝鮮使節問題の再評議が政府内に提起されるようになる。

朝鮮問題の再評議論

三条が「人事不省」の病を癒え、天皇に面会して政府に復帰したのは、一二月二一日であった。前述のように朝鮮使節派遣が逆転延期となったのは三条の発病により、太政大臣代理に就任した岩倉の上奏によるものであった。三条はこの重要局面において病床にあってまったく関与できなかった。そこで、復帰後の二五日に三条は岩倉に次のような手紙を送っている。「朝鮮事件」については私が「引き入った」後、「奏聞の御書取」が出されたようなので「何卒」拝見したい（「岩倉具視関係文書」）。三条は岩倉に上奏文の借覧を求めているのである（その後三一日にも再度岩倉に要求している）。

最終決断（西郷遣使）を覆されたのであるから、三条としてはその経緯を確認したいと思うのは当然であろう。そして、こともあろうに三条は西郷らを復職させて、征韓論を再評議することを要求したのである。大久保は一二月二八日、三条の意図を次のように岩倉に報じている。閣議における征韓論争は「倉卒」に行なわれたものであり、「熟論」ではなかったので「既往」を論ぜず、「前参議」(西郷ら)も全員復帰させ、「寛急論」(使節派遣の即行か延期か)について「公評」をもって「一定」すべきである。

大久保は、こうした一〇月二四日の勅書(岩倉上奏文の嘉納)を否定するような三条の要求に対し、岩倉に「初発」からの「旨趣」を変更するようなことは「毛頭」ない、と強く反対する旨を伝えている。また、伊藤博文からも批判が出され、西郷らの復職と再評議が行なわれることはなかった。

三条実美の朝鮮使節派遣論

三条は再評議論を取り下げたが、その後も朝鮮問題の関心を低下させることはなく、岩倉にその急務を説いて七四年一月二六日、大久保・大隈両名に対して台湾・朝鮮問題の取り調べを命じた。そして、二月初めに三条は、独自に朝鮮使節論を作成して岩倉・大久保・木戸・大隈・伊藤らに示している。

三条の朝鮮使節論は、次のようなものである。まず、使節派遣前に海陸軍人を派遣して朝鮮の形勢を探偵させ、日朝両国交際の適宜を「疎通」させる必要がある。そして、使節派遣にあたっては軍艦数隻を伴わせるが、決して「戦を要する」ものではなく、専ら「旧交」を収めて国家「善隣」の誠意を通じさせることをめざす。しかし、万一朝鮮から「無謀」な攻撃を受けた場合には、「臨機防禦」（応戦）は当然であるとし、さらには「征討問罪の挙」（開戦）におよぶことについては「予め議する」ことはなく、使節派遣前には海軍の準備をしておかなければならない。

このように平和的交渉を第一義とし、情勢探索のための軍人派遣や海軍準備などの事前策をあげている。しかし、「征討問罪の挙」を認めるという、基本的には西郷の使節派遣論と同じ強硬論（征韓論）と評価できるものである。三条は、征韓論争時に最終的には西郷使節派遣論を認めており、何としても日朝戦争を阻止する、という岩倉上奏文にはまったく関わることのなかった人物であった。政変後であっても政府最高首脳部のなかには、依然として征韓論が唱えられていたのである。

図10　三条実美

征韓論政変後の大久保政権における東アジ

ア政策の課題は、樺太・台湾・朝鮮問題にあった。そして、樺太問題→台湾問題→朝鮮問題の順番で着手されることになるが、朝鮮問題が他の問題を浮上させたように、中心に位置していたのが朝鮮問題であった。最初の課題であった樺太問題はすでにみたので、章をあらためて台湾問題から朝鮮問題へと具体的に追っていこう。

琉球の併合

台湾出兵の実行

大久保の台湾出兵論

前述のように、一八七四年（明治七）一月二六日に台湾問題の担当者となった大久保利通《おおくぼとしみち》と大隈重信《おおくましげのぶ》は、二月六日に「台湾蕃地処分要略」を閣議に提出し、この「要略」（全九条）は正式に決定された。すでに作成されていた台湾領有論を骨子とする柳原前光《やなぎはらさきみつ》と鄭永寧《ていえいねい》の「台蕃処分要略」を原案とし、加除修正したものである。この「要略」により、大久保の出兵論をみていこう。

まず、出兵目的を第一条で次のように掲げる。台湾「土蕃」は「無主の地」であることから、「我藩属（日本人）」の琉球人民殺害に対する「報復」は「日本帝国」の義務であり、「討蕃撫民（問罪）」を遂げることが「主」である。琉球人（日本人）殺害という罪を問うための出兵であり、柳原・鄭案にみられた「拠有すべき」という台湾領有論を削除しているのである。こうした領有論の否定に対応するように、柳原・鄭案の第五条（「台湾を取り」）と第六条（「台湾事務局」の設立）が全文削除されている。

次に、柳原・鄭案にはなく新たに加えられた条項が二つある（第八・九条）。これらは、出兵前に六名を台湾に派遣し、「土地形勢」の「探偵」と上陸地を調査させることである。また、清国からの抗議への対処も示されている（第二・三・四・五・六条）。北京へ公使を派遣して交渉し、琉球日本帰属論および台湾「土蕃」＝「無主の地」論を「確守」して一切妥協はしない。しかし、あくまでも「和好をもって弁」じて「和」を失わないようにする、という平和的交渉に徹することが強調されている。

また、出兵後のこととして第三条には、次のようなことも記されている。清国側が琉球両属論を持ち出してきたならば、応じることなく無視すべきである。琉球を「控御《こうぎょ》（扱うこと）」する実権はすべて日本にあり、清国への琉球の「遣使献賀」という「非礼」を止めさせることは、台湾「処分」後の「目的」である。出兵の目的は、日清両属体制打破の前提作りであり、清国との宗属関係を否認するのは出兵後のことと明記されている。

「要略」が決定された六日、岩倉具視《いわくらともみ》は大久保に次のような手紙を送っている。台湾を

「吾属地」とするか否かは再評議となったが、「何卒吾に得へき」の目的を立てたいと思う。福島九成《ふくしまきゅうせい》に聞いたところ、「属地」とすることは容易にできる、ということであるから。

閣議では植民地化論が出され、岩倉は福島九成の意見に影響されて台湾領有論を懐いたようである。前述のように福島は、政府内で植民地化論を主張していた陸軍少佐である。大久保は、閣議において植民地化論は再評議する、と棚上げにしたのであった。

政府内部において台湾植民地化構想が提起されている状況下、大久保は植民地化という強硬論を否定し、清国との軍事的衝突の回避を主眼とし、事前工作を含む慎重な計画を立てたのである。こうした方針は、大久保が征韓論争において、西郷朝鮮使節派遣論を日朝戦争に連なる外征策として、反対した論理（避戦論）から導き出されたものである。

そして、出兵目的は台湾「土蕃」＝「無主の地」論を前面に出し、琉球人（日本人）殺害に対する問罪行為に限定し、琉球の日本帰属を明確にすることであった。さらに、鹿児島県士族の出兵要求を受け入れることで、彼らを政権基盤に組みこもうとする政略（鹿児島県士族対策）でもあった。

その後の出兵論

ところで、よく知られているように木戸孝允《きどたかよし》は、台湾出兵に反対して参議を辞職している。しかし、辞職は五月のことであり、二月の大久保出兵論には「同意」しているのである（家近良樹『西郷隆盛と幕末維新の政局』）。木戸の辞職は、その後に大隈重信と西郷従道《さいごうつぐみち》によって出兵方針が転換され、台湾領有論が復活したことによるものであった。大隈と西郷を動かしたのが、アメリカ人で外務省顧問のリジェンドルと鹿児島県士族坂元純熙《さかもとすみひろ》らである。

出兵の閣議決定の翌二月七日、大久保は佐賀の乱勃発につき、自ら鎮圧のため佐賀行きを「嘆願」する。佐賀県士族の不穏な動きに対し、すでに二月四日に熊本鎮台に佐賀への出兵命令が出されていたのである。「嘆願」は受け入れられ、大久保は一〇日に軍事指揮権から警察・裁判権にいたる広範な権限、大久保自ら言うところの「臨機処分等全権」を委任され、一四日に東京を発ち、一九日には博多に着き、ここに本営を置いている。この間の一七日に大久保は、大阪から黒田清隆《くろだきよたか》に台湾出兵の「貫徹」を依頼する手紙を送っている。そして、二月二八日に岩倉が佐賀の乱による士族の動揺を理由として出兵延期を求めたが、大久保は「廟議一定」のことは運ばなければならない、と強い口調で答えている。

一方、大久保不在の東京では外交顧問リジェンドルが三月一三日、大隈に意見書を提出し台湾領有と占領政策を提起している。その意見書は、表面の目的は問罪であるが、真の「眼目」は日本の台湾併合であり、三月末に出兵すれば一一月には占領が完了し、翌七五年元旦には新年祝賀とともに「併合の報告」を得ることが可能であると言う（『大隈文書』一）。露骨な台湾領有論であり、出兵顧問としてワッソン陸軍大尉とカッセル海軍大佐を推薦している。その後リジェンドルは三月三一日、西郷従道に出兵・占領計画書を提出する。

また、坂元純熙らが台湾出兵強行を求めて、東京に向けて鹿児島を発ったのも三月中旬である。そして、坂元らの圧力を受けた西郷従道は、台湾蕃地事務都督（台湾出兵の指揮官）を志願し、鹿児島県士族を出兵に動員することになる。西郷が志願する以前、大久保は谷干城《たにたてき》（高知県士族で陸軍少将）を推薦していた。こうして、西郷従道が台湾出兵の主役に名乗り出ることとなった。

植民地化論の復活

リジェンドルや坂元純熙の働きかけがあった三月（日は不明）、大隈・西郷・柳原・寺島宗則《てらしまむねのり》外務卿の協議により「蕃地処分目的十三条」が決定された。そこには、台湾領有論は明記されていないが、「台湾事務局」が掲げられている。「台湾事務局」とは、柳原・鄭の原案にあったが、大久保が否定した台湾植民地化政策の協議・決定機関である。また、リジェンドルを「台湾事務局准二等」に任じるという項目や、出兵日程（三月一八日熊本発、二八日台湾着）の項目もあった（『大隈重信関係文書』二)。リジェンドルの提案に基づいた出兵計画と考えられる。

そして、大隈らはこれとは別に「台湾処分書付」なるものを起草している。この「書付」を一読した三条実美《さんじょうさねとみ》太政大臣は三月二八日、大隈に次のように問題点を指摘している。

第一は、木戸も含む全員一致で決定した大久保出兵論（問罪に限定した出兵）とは異なり、「書付」は「植民略地」（台湾領有＝植民地化）を意図していること。第二は、「植民略地」はこれまで「評議」して「決議」したものではないので、あらためて閣議に付す必要があること（『大隈重信関係文書』二）。

図11　西郷従道

大隈・西郷らは大久保出兵論を転換し、台湾植民地化論を提起したのである。
この植民地化論に基づく出兵方針は、四月二日の大久保不在の閣議で木戸の反対にも関わらず決定される。この決定により、四月四日に台湾蕃地事務局が設置されて西郷が事務都督に、翌五日に大隈が事務局長官に、八日にはリジェンドルが准二等にそれぞれ任じられる。英語の翻訳書では、事務局は「植民地局」(Colonization Office)、事務局長官は「植民地大臣」(Minister of Colonization または Minister of Colonies) と記されているという (ロバート・エスキルドセン「明治七年台湾出兵の植民地的側面」〈明治維新史学会編『明治維新とアジア』〉)。植民地化方針に基づく設置である。

そして、六日には西郷に全権委任の勅書と特諭状 (全一〇条) が与えられる (『明治天皇紀』三)。勅書には問罪という出兵目的しか記されていないが、特諭状には出兵後の植民地政策が掲げられている。鎮定後は「土人」を誘導開化させ、「土人」と日本政府との間に有益な「事業」を興すことを目的とするという項目 (第二条) と、台湾に別に「事務局」を置き、「命令布告」などすべてここから達するという項目 (第九条) である。植民地統治機関としての「事務局」を設置し、新たな「事業」を興すという領有論の具体策である。また、第七条にはリジェンドルを西郷の「輔翼」とせよ、と明記されている。リジェンドルの影響力の大きさが窺われる。

台湾出兵方針の転換を知らない大久保は四月五日佐賀から、三条には「台湾征討」を発することは好都合であると「愚慮」していると、岩倉には台湾出兵を佐賀「平定」後に発表するならば「大慶」に思うと、それぞれ書き送っている。大久保が早期実行を要求しているのは、もちろん領有論を否定した問罪限定の出兵である。

一方、西郷従道は四月九日に軍艦二隻を率いて、長崎に向けて品川を発った。そして、一五日に佐賀で大久保・西郷会談が行なわれている。大久保はこの会談について、日記に「徹夜」で話して「台湾事件東京事情等承る」と記すのみである。ここで西郷が領有論を持ち出したのか否かは不明である。

英米の出兵反対

台湾植民地化論による出兵が決定されると三条は四月一五日、岩倉に次のような手紙を送っている。「台湾植民」については実に「苦慮」している。西郷都督による台湾の「処分」により「植民の姿」になることは間違いなく、そうなったならば「各国の関係も出来」ることから、「前途の面倒」となり「甚だ痛心」している（『岩倉具視関係文書』六）。台湾出兵が諸外国の干渉を招く、という危惧を述べているのである。三条の「痛心」は、早速イギリス公使パークスの異論、アメリカ公使ビンガムの抗議となって現れることとなった。

台湾蕃地事務局が設けられる前の四月二日、パークスは寺島外務卿に台湾出兵について訊ねると、寺島は正規兵と従者を乗せた数隻の船舶を派遣すると答えている。さらに、パークスが出兵について清国政府に連絡しているのかと問うと、台湾先住民は清国政府の支配下にない（「化外《けがい》の民」）という副島報告を理由として連絡する必要はない、と寺島は述べている。寺島との会談後にパークスは、出兵の表面的理由は問罪とするが、真の目的は台湾の獲得にあるとし、清国駐在イギリス公使ウェードに清国政府の意向を打診するよう要求する（萩原延壽『北京交渉　遠い崖―アーネスト・サトウ日記抄11』）。そして、四月一三日に寺島に手紙を送り、清国が台湾出兵を「敵」と判断したならば、出兵に参加したイギリス国民を呼び戻すことになると述べている（『日本外交文書』七）。パークスは、清国の意向を重視しつつ出兵そのものには反対であった。

こうしたパークスの表明に対し、アメリカ公使ビンガムの抗議はより強硬であった。四月一八日、ビンガムは寺島宛手紙で次のように言い放っている。アメリカは台湾全土を清国領土と認めていることから、清国政府に通告せずに出兵することは「敵対」行為である。したがって、日本が出兵のためにアメリカ船舶（ニューヨーク号）とアメリカ国民（リジェンドル、カッセル、ワッソン）を「使役」することは公然と「拒む」。さらに翌一九日にも寺島に手紙を送り、清国政府からの「認可の證書」が得られるまでは、アメリカの「船民」を日本海陸軍に「附属」させることは承諾できない、と再度警告している（『日本外交文書』七）。この間、イタリア・ロシア・スペインの各公使も日本の外務省に問い合わせ、ロシアは局外中立を表明している。

出兵の延期　ビンガムの抗議に接した寺島は一九日、三条太政大臣にリジェンドル、カッセル、ワッソンおよびニューヨーク号の台湾行きの差し止めを上申する。そして、同一九日に閣議が開かれる。閣議といっても、大久保は佐賀におり、台湾蕃地事務局長官大隈も西郷を追って長崎に出向いており、出席者は三条・岩倉・伊藤博文《いとうひろぶみ》・寺島・大木喬任《おおきたかとう》・勝海舟《かつかいしゅう》らであった。閣議は出兵延期を決定した。閣議は、三条の大隈宛手紙によれば次のようなものであった。

台湾出兵についてビンガムから「中立て」があったことから、このたびの「一挙」は成功することが難しくなった。各国の「公論」においては、清国政府の政令が及んでいるか否かは関わりなく、台湾が清国の「版図」であることは「判然」としている。したがって、清国の「承諾」なしの出兵は清国に「背き」、日本へ「荷担」することになるというビンガムの批判に対して、寺島外務卿も「語」が「塞がり」、各国公使にも「議論」がおこって「困却」し、評議したところ「良策」もなかった。よって、清国政府と「応接」を遂げるまではしばらく出兵を見合すことにした（『大隈重信関係文書』二）。

各国公使、とりわけアメリカ公使ビンガムの抗議によって、台湾出兵は延期となった。

この決定に対して、閣議の参加資格がない開拓使次官黒田清隆は同日、三条・岩倉に次のように不満をぶつけている。今さら「米公使」の抗議によって「動揺」するようでは、「国体」を辱しめるのみならず「天下の人心」にも関係する。したがって、「従前の御趣意」を貫くべきであり、このような「大事件」を「容易」に変更することは実に「遺憾」である（「岩倉具視関係文書」）。

強行出兵と大久保

二五日に長崎で延期通告を受けた西郷従道は、延期受け入れを拒否して次のように主張する。「大命」により都督という重任の役職にいる。「姑息」の策によって、「士気」を「鬱屈」させたならば、その「禍」は佐賀の乱の比ではない。強いて出兵を中止するならば、天皇の辞令を返却して「賊徒」となって、台湾「生蕃」の「巣窟」を突くつもりである（『明治天皇紀』三）。

鹿児島県士族の圧力のなかで西郷は、出兵強行を唱えたのである。大隈は出兵を待つ士族の「軍気」が「強盛」でとても制御できるものではない、と長崎の状況を三条太政大臣に伝えている（『大隈重信関係文書』二）。また、リジェンドルも「方向」を変えることはせず「日本政府の命令を守る」、と警告を拒否する手紙をビンガムに送っている（『日本外交文書』七）。そして、カッセル、ワッソンとともに出兵強行を主張する。

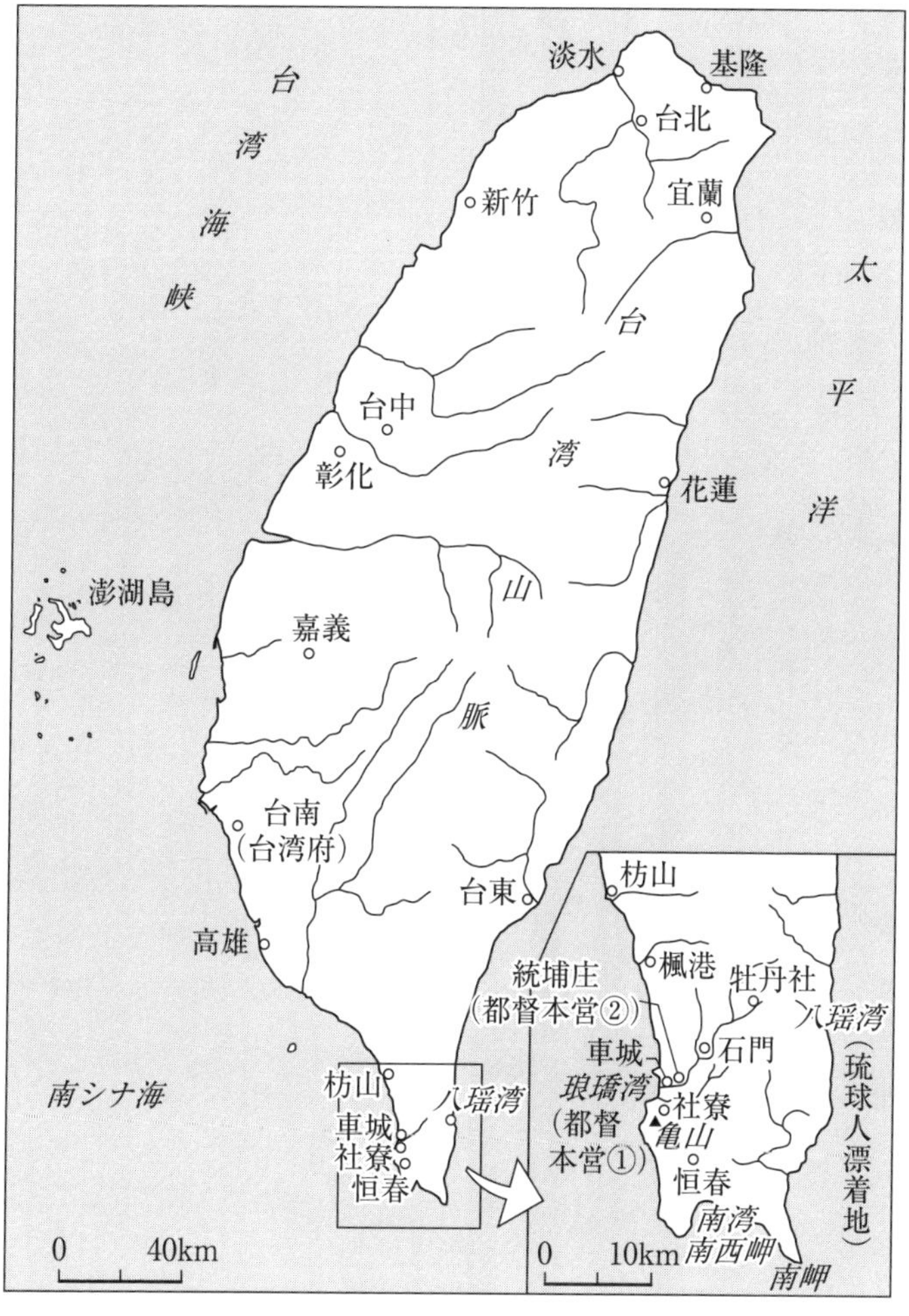

図12　1870年代の台湾（毛利敏彦『台湾出兵』中央公論社，1996年より）

出兵を決意した西郷は四月二七日、清国に出兵通告書を渡すために台湾を管轄する清国アモイに福島九成・カッセル・ワッソンを派遣した。福島は五月三日にアモイに着き、翌四日に通告書を提出している。

佐賀の乱鎮圧のため東京を離れ、出兵方針の転換と出兵延期の決定という重要閣議に出席できなかった大久保は、四月一七日に佐賀を発って、出兵延期の閣議決定の一九日に神戸に着き、東京に戻ったのは四月二四日であった。同日、伊藤・勝と談話して「台湾事件承り意外の事」と日記に書きつけている。「意外」の内容は、方針転換（植民地化論の復活）か出兵延期か、それとも両方か不明である。そして、二六日に三条と岩倉に留守中の「施行の事件」（台湾出兵問題）について聞きただし、「愚存」を申し入れている。

台湾出兵を強行する、という長崎からの大隈・西郷の一報が届いた二七日、大久保は「事情」がわからず「四方の論」もあり、「一大事の国難」であるから「進退処分」権の委任を得て、現地（長崎）に出向くことを三条・岩倉・諸参議らに要求する。翌二八日には三条から「内決」の知らせを受け、二九日に「兵隊進退等」の委任状を受けて東京を発ち、長崎には五月三日に着いた。しかし、大久保が長崎に到着する前日に西郷従道は、独断で参軍の谷干城（陸軍少将）・赤松則良《あかまつのりよし》（海軍少将）が率いる、鹿児島県士族千余りの出兵軍を進発させてしまった。大久保到着前に西郷は、出兵という既成事実を作ったのである。

長崎に着いた大久保は五月四日、出兵は「止むを得ざる」こととして今後の「都合」をはかるため、大隈・西郷と対策を協議し決定する。「止むを得ざる」としつつも大久保は、大隈・西郷による出兵方針の転換に同意し

植民地化論の再否定

たわけではなく、復活した台湾領有論（植民地化論）を再度否定しているのである。

三者による決定事項では、西郷に与えられた特諭状に盛られていた植民地政策は姿を消し、出兵による「生蕃《せいばん》」処分後の措置としては「我意を遵奉するまで」防禦のため「相応の人数」を残すこととする、と変更されている。こうした植民地化を否定する基本方針の下、カッセル・ワッセル両名の解雇、長崎にいるリジェンドルの帰京、駐清特命全権公使柳原前光を交渉のため至急清国へ派遣することの督促（柳原は二月一五日に清国行きの命を受けていた）、西郷の早急なる台湾への出発などを決めている。また、西郷が後の五月二六日付大隈宛手紙で、「前日」長崎で話しあったように「容易に兵端」は開かない「見込」である（『大隈重信関係文書』二）、と述べているように文書化されなかったが、安易な戦闘開始という強硬姿勢も戒められている。

大久保は、長崎から帰京した五月一五日の三条宛復命書でこの間の経緯を次のように述

べている。すでに清国アモイに出兵通告書を送ったことで「止むべからず」という「実況」となった。このうえは、清国はもちろん外国交際上「不都合」がないように「注意」し、「生蕃処分」に着手して「寛急順を追い」、その目的を達することに留意した。国際関係に「不都合」をもたらす対外戦争の極力回避という方針には、前年の征韓論争で主張した避戦論が貫かれている。その後の清国との交渉においても、基底としたのは避戦論である（後述）。

なお、柳原前光は清国に赴く前の五月一二日、岩倉に「見込書」を提出している（「岩倉具視関係文書」）。そこで柳原は、昨年の副島種臣《そえじまたねおみ》の「談判」を追って国民を「保護」し「義務」を張る、という「大条理」を旨としたうえで次のように言う。「条理」をもって論ずれば「土蕃《どばん》」を「誅戮」するを「主」として「拠有」を「客」とし、「開墾植民」は処分後の議定に付して目下「贅論《ぜいろん》（無用の議論）」を用いることはない。

一月末に鄭永寧とともに台湾領有論を提起した柳原も、「土蕃」の「拠有」は「客」であり、「開墾植民」は急を要さないと言い切っている。台湾領有論を捨て切れているわけではないが、その主張を大きく後退させているのである。大久保出兵論の影響と言えよう。

五月一九日、台湾出兵の太政官布告が出される。そこには、台湾「蕃地」の「土人」が

「我人民」に「暴害」を加えた「罪」を問い、相当の「処分」を行なうのであり、今後「我人民」の航海の安全をはかるための出兵である、と記されている。

木戸孝允の出兵反対論

こうして、台湾出兵は強行された。出兵についてはイギリス公使パークスやアメリカ公使ビンガムの抗議があったが、国内においても反対論が出されていた。政府内部では木戸孝允と伊藤博文が反対し、とりわけ木戸が激しく反発して参議を辞職したことはよく知られている。前述のように木戸は植民地化論に基づく大隈・西郷出兵論に反対したのであるが、ここでやや詳しく木戸の主張をみておこう。

問罪に限定する二月初めの大久保出兵論については「同意」していたことから、二月六日の出兵決定閣議には欠席し、その後一〇日と一三日に大久保と会談しているが、木戸は反対めいたことを手紙や日記にまったく記していない。木戸が初めて不満を表すのが、三月三〇日の台湾問題閣議である。同日の日記に「是非を論ずるとも無益に属」すが「富強の基本」を確定する時期に「慙愧《ざんき》に堪えず」と書いている。大隈・西郷による植民地化を目指す出兵論が登場した頃である。そして、四月二日の閣議で「台湾一条」の署名を拒否し、一八日に辞表を提出する。

この間の経緯を木戸は、最も信頼を寄せる伊藤博文に宛てた四月八日の手紙で次のように吐露している。台湾「一条」も今日の行きがかりでは、最早いたしかたもない。「最前」の様子とも変わってしまった。「愚案」において「骨子を入れ」た主意とは「雲泥の相違」が生じ、心中「大不同意」である（『木戸孝允文書』五）。

「骨子を入れ」た「最前」の様子とは、自ら賛成した大久保出兵論であり、その出兵論とは「雲泥の相違」があるのが大隈・西郷出兵論であることから「大不同意」なのである。そして、「外征反対の意見書」と「辞表」で反対論を表明する（『松菊木戸公伝』下）。

前者ではまず、「罪」あるものを「問う」こと、「寇《あだ》」あるものを「伐つ」ことは「万邦の通法」である、と問罪としての出兵を認める。そして、文明国が「属地」を要するものは「経営の第一着」である、と植民地獲得も問題とはしない。しかし、それを実施するには「緩急」を考慮しなければならないとして反対する。すなわち、植民地を得ている諸国は、「治具」が整備され「民産」も立っており、「余力」を伸ばして「外」に求めているのであって、未だかつて「内を捨て外に従う」ことは聞いたことがない。急務は「外」（植民地獲得）ではなく、「内」（国内整備）にあると主張する。

後者では、佐賀の乱鎮圧後に登場した大隈・西郷の台湾出兵論を、「国威」を海外に張って、「版図」を「異域」に開くものであるとする。現在、国内の「人民」は未だ政府の保護を受けることがなく、「蒙昧《もうまい》貧弱」であり人権を得ることなく「国の国たる」を知ることはない。「内国の政」があがっていない現状で「外征の師」をおこすことは、「内外緩急の序」を乱すものである。

伊藤博文・山県有朋の反対論

木戸に同調していた伊藤博文も四月五日、岩倉宛手紙で次のように述べる。木戸の反対論は「至極至当」であるが、「止むを得ない」次第であると思い「己を曲げて」政府決定に従って、「他に為すべき」こともないことから奉職しているのである。前年の征韓論に木戸とともに反対した論拠は、「内政」整備と「民力」の「培養」を急務とすべきことであった。台湾出兵も「征韓」と同様に「緩急」をはかるべきである（『伊藤博文伝』上）。

伊藤は、前年に民力養成を掲げて大久保とともに征韓論に反対した岩倉に対し、「民力」培養の観点から大隈・西郷出兵論を問題視していたのである。

木戸が「伊藤は始めより元より台湾の事を不喜、山県も尤不可となし」と日記に書いているように、陸軍卿山県有朋《やまがたありとも》も当初から反対のようであったが、自己の見解を明らかにするのは七月初旬である。七月初旬は後述するように、清国からの抗議により日清間が緊迫

図13　山県有朋

し、開戦か即時撤兵かが問題となった時期である。三条太政大臣から開戦について諮問された山県は七月八日、軍備の未整備を理由として開戦反対を答申する。と同時に、軍事面のみならず内政全般から反対する意見書も提出し、次のように主張している。

「内治」の「施設」は整備されたが、「民」の知識は開明に至らず、「産業」は振興せず、「民の疾苦」は取り除かれていないのが現状である。国の「強弱」は軍事力のみではなく、すべて「民力」に基礎を置かなければならない。「民力」は著しく低位であり、その向上にはまだ「歳月」が必要である。こうした状況下で「軽挙躁動」は「宜しき所」ではない。しがって、「台湾生蕃の事」は「極めて」不可である（「大隈文書」）。木戸・伊藤と同じ、急務は「民力」を基底とする国力の充実にあるという立場である。

また、華族の大原重徳《おおはらしげとみ》も植民地化論に基づく出兵を憂慮し、七月五日の岩倉宛手紙で次のように述べる。出兵の「大略」は「国民」を害した「問罪復讐」であると理解していた。

しかし、「問罪復讐」だけならば何の利益もなく出兵費が無駄となり、「腰抜け日本」と言われることは「無念」であるというような「説」が出てきている、と植民地化論を指摘する。こうした「説」は「欲心」であり、国を治める「賢人君子」の趣意とは「雲壌」の差がある。「問罪復讐」にとどめる大久保出兵論は「仁」であり「義」であるが、西郷・大隈出兵論は「欲心」であり「不道理」である（『岩倉具視関係文書』六）。

左院の反対論

政府内部においては、左院からも反対の建白書が出されている。左院では前述の宮島誠一郎《みやじませいいちろう》が反対建白書を発議し、議官六名の同意を得て計七名で四月八日に提出している（「宮島誠一郎文書」）。宮島の起草による建白書は、以下のようなものである。

出兵には「敬服」できず「驚愕」するものである。理由は「条理上」と「利害上」の二点ある。まず、「条理上」では次のように説く。不平等条約により「独立の国体」が立っていない現在、最大の急務は条約改正である。それに対し、琉球は「依然」として日清「両属の形」であり、琉球人と「内国人」を「同一」にみることはできない、まして琉球人が「残暴」を受けたのは、琉球国王が「藩王」に封じられる前のことである。したがって、条約改正による「人民権利の保護」を尽さないで、琉球人のために出兵することは

「条理」と「緩急」ともいかがなものか。

次いで、「利害上」に論を進める。台湾の住民は「人種一ならず」、「野蛮人」が多いなかで「開化する者」と「他国人」もいる。「討伐」によって「他国人」に害を及ぼすことがあったならば、「他国」と「難」を構えることになる。また、出兵後速やかに「植民拓地」ができるわけがない。そもそも、欧米諸国は「野蛮未開」地の「開拓植民」に乗り出しているが、台湾を残していることは土地に「益」がないか、「土人」を治め難いかのどちらかである。

このように「条理」上としては、琉球＝日清両属論の立場（七二年以来の左院の見解）から琉球人＝日本人を否定し、琉球人殺害の問罪を「義務」とみなすことはできないとし、「利害」上としては諸外国との紛争が生じること、および台湾は植民地としての価値を有していないことを挙げている。

四月一一日、三条太政大臣は宮島を呼び寄せ、出兵は中止できないと返答している。その後、宮島は「台湾事件の調書」を「一閲」して、植民地化構想を「日本天皇の御処分」ではなく「海賊の処分」と批判し、清国との「信義」が立たないと問題視する。そして、四月二三日に再度反対建白書を議官六名の連名で提出する。再建白書では、「条理」や

「利害」には触れず、「輿論《よろん》」や「公論」を無視しての決定や内政優先論から反対している。

建白活動を行なった後、宮島は五月一八日に大久保を訪ねて反対を申し入れている。出兵は清国との「葛藤」を、ひいては日清戦争をもたらすことになる。こうした可能性のある出兵は、征韓論とは比較にならない大問題であると。大久保からは、決して清国との「争端」はおこさないので「安心」してくれとの「一言」があった、と宮島は記している。

民間の反対論

出兵反対論は民間においても存在していた。政府（左院《さいん》）に寄せられた反対建白書である（『明治建白書集成』）。それらを整理すれば、①琉球・台湾清国領論、②国力充実優先論、③征韓優先論の三点に大別される。概観しておこう。

①の事例としては、白川県（現熊本県）正泉寺住職佐田介石《さだかいせき》の建白書がある。佐田は、のちの八〇年に唱える「ランプ亡国論」（輸入品排斥論）で有名であるが、ここでは次のように主張している。台湾は、日本における「蝦夷《えぞ》樺太」と同じように、「支那の版図」に入ることは「万国」が知っていることである。こうした清国領である台湾に出兵することは、清国に対し「信義」を失うことになる。また、琉球は清国に朝貢する清国の「属国」であることから、琉球人殺害の罪を我国が問うことはできない。このような佐田の論点は、琉球＝日本として台湾「蕃地」を「無主の地」とみなす、大久保出兵論に対する左院と同

様の根底的な批判となっている。

②の事例としては、置賜県《おきたま》（現山形県）士族加地新八《かじしんぱち》の建白書がある。出兵意図を台湾領有にあると「推論」し、「妄《みだ》りに」土地を領有することは「貪兵《どんぺい》」であり、「威」を海外に輝かそうとするのは「驕兵《きょうへい》」である。「人民」が未だに安んじてなく、「文教」も「理」を尽してなく、海陸軍も整備されていない現状において、「微細」（琉球人殺害）なことを理由として、「弱小」を侮り「土地を利せん」とすることを問題とする。そして、「本末」や「利害」を考慮すれば日本が「本」台湾が「末」であり、出兵は「事の倒置」であると批判する。木戸と同様の主張である。

③の事例としては、青森県士族長尾義連《ながおよしつら》の建白書がある。朝鮮が「我国使」を「辱かしめ」て「驕暴侮慢」なことと、琉球人殺害を同列に論じることはできない。にもかかわらず台湾出兵を優先することは、「大且甚《かつ》しき」を後にして「内外の別を正さず、緩急本末宜《よろしき》を得」ないことであり、まず「朝鮮を征して、以て台湾を懲らしめる」べきである。また、磐前県《いわさき》（現福島県）士族佐藤政武《さとうまさたけ》の建白書も次のように言う。台湾が「我琉球船を殺掠」したことと朝鮮が「我天使」を拒否したことと、「罪」はどちらが重いのか。「罪」の軽い台湾を「伐」ち、「罪」の重い朝鮮を「伐」たないのは、「三尺の童子」も「美なら

さる」を知っているではないか。

清国との交渉

清国の抗議

前述のように、一八七四年（明治七）五月四日の長崎における、大久保利通・大隈重信・西郷従道の三者会談の決定事項に基づき、西郷従道は五月一七日に残兵を率いて台湾へ、柳原前光公使は五月一九日に清国へ出発した。五月二二日に台湾南端部に上陸した西郷は、六月四日には同地を軍事的に制圧し、七日に大隈に植民地政策に着手すべきことを建言する。

この建言を受けた大隈は六月二八日、三条実美太政大臣に速やかなる指令を要請する長文の伺書を提出し、植民地政策の早期実施を要求する。西郷・大隈は、出兵後も台湾領有＝植民地化論を有していたのである。三条の指令は七月九日に出された。そこでは、西郷の要求を無下に拒否はしていないが、「実地に付いては猶伺い出る」ように、と早期着手に釘をさしている（『大隈重信関係文書』二）。史料的に確認できないが、大久保の意向によるものであろう。

一方、清国に派遣された柳原公使には、四月八日付の「内勅」が与えられていた。「内勅」には、台湾「蕃地」は清国の政権が及ばない「化外」の地であることから、出兵は「我が琉球民」殺害に対する「膺懲《ようちょう》（征伐）」であり戦争を意図するものでないこと、および琉球は日本に「帰服」していることを清国に理解させよとある（『日本外交文書』七）。台湾「蕃地」＝「無主の地」論を前面に出し、琉球人殺害に対する問罪行為に限定し、琉球の日本帰属を明確にする、という大久保出兵論である。

柳原は五月二八日に上海に到着し、三一日に同地で江南総督代理江蘇布政使の応宝時と会談する。席上応は、台湾出兵は清国の主権を犯すものであり、通告がないことは「和親国」としての行動に違反するものであるとして撤兵を要求する。これに対し柳原は、撤兵は日本の「義挙」を妨げるものであると拒否している。

そして、六月四日に清国総理衙門《そうりがもん》（清国外務省）の抗議書（五月一一日付照会）が、総理衙門雇のイギリス人ケーンによって寺島宗則外務卿に届けられる。清国の抗議書（照会）

は次のように言う。

日本が台湾に出兵するような知らせを、北京駐在の各国公使から聞いた。そもそも台湾の「生蕃」も「中国の所属」であり、「中国の辺界」にはこのような「種類」のものは他にもあるが、いずれも「中国版図の内」にある。このような台湾「生蕃」の地に出兵することが「的確」ならば、なぜ先に「議及」しないのか（『日本外交文書』七）。

日本政府に対する照会ではあるが、台湾出兵に対する非難であり、抗議書である。

清国の照会を知ったイギリス公使パークスは六月一八日、寺島外務卿を訪ねて「見込」について質問している。パークスが出兵の目的を訊ねると、寺島は「暴害」を加えた「罪を糺し」、再発を防止するためであると答えている。さらに、寺島が台湾を「押領《おうりよう》」する「見込」はないと述べると、パークスは「大兵を他国の領地に送る」ことは「戦争」とみなされても仕方がなく、「万国公法」（国際法）違反であると批判する（『日本外交文書』七）。

パークスからの警告がなされた頃、清国も反発を強めて皇帝が六月二四日、次のような勅命を発している。台湾への出兵は、日清修好条規に背くものであるので、撤兵を要求する。これに従うならば、大きなトラブルにはならないであろうが、蛮勇をふるって拒否するならば罪を公表して討伐せよ。

開戦の閣議決定

西郷・大隈の植民地化論と清国の撤兵要求が交錯するなか、七月に入ると台湾問題が閣議の重要議題となってくる。六月三〇日、三条太政大臣が岩倉宛手紙で、「台湾処分」は非常に「大事」であると大久保が申し立てている（『岩倉具視関係文書』六）、と述べているように閣議の開催を強く要求したのが大久保である。閣議は、大久保が七月四日は「議論分立」し、翌五日は「頗《すこぶ》る紛論なり」、と日記に書いているように紛糾している。

紛糾の内容は、七月七日の岩倉具視宛手紙で三条が、「開戦」に決定するならば「容易ならざる紛議」もおこり、「退兵」するにしても決して「治まる」ことはない（『岩倉具視関係文書』六）、と記しているように開戦か撤兵かである。こうした状況のなかで、大久保が三条・岩倉との三者会談で陸軍将校に意見を求めるように提案する。三条はこれを受けて、陸軍卿山県有朋に開戦問題を諮問する。

山県は八日、陸軍将校の意見（非戦論が津田出《つだいずる》・山田顕義《やまだあきよし》・三浦梧楼《みうらごろう》・井田譲《いだゆずる》・曽我祐準《そがすけのり》、開戦論が野津鎮雄《のづしずお》・種田政明《たねだまさあき》）を報告している（山県自身は前述のように開戦反対論を表明する）。陸軍内では開戦反対意見が主流を占めていたが、同日の閣議は「止むを得ざれば」開戦する方針を決定する。と言っても、翌九日の陸海軍両卿への訓諭は、清国へ派遣している公使（柳原前光）が「和親」を破らないように「談判」するが、もしも「彼より釁隙《きんげき》（不和）を啓《ひら》く」ようなことがあったなら、「止むを得ず」戦争にも及ぶことを閣議決定したと述べている（『岩倉公実記』下）。このように、外交交渉による解決を基本として、場合によっては開戦も辞さないということであった。

外交交渉優先方針に基づき七月一五日、柳原駐清公使への訓令が発せられた。そこでは交渉の「心得」として一一項目が掲げられており、眼目は「償金を得て攻取の地を譲与するに在り」、この「約」が成ったならば「台地に在る兵を退かしむる」というものである。すなわち、占領地の譲渡と引き換えに賠償金を獲得して撤兵するという方針である。そして、この機会をとらえて「琉球両属の淵源を断ち、朝鮮自新の門戸を開く」という意図も記されている（『日本外交文書』七）。「琉球両属の淵源」を断って日本帰属を明確にするという、台湾出兵の目的が再度明記されている。

柳原公使は七月三一日に北京に入り、八月三日から交渉を開始する。そこでは、台湾「生蕃」＝「無主の地」であることを論拠として、出兵は「義挙」であるという日本側の主張に対し、清国側は「生蕃」＝「属地」であるという主張を譲ることはなく、膠着状態となっていく。

大隈重信の強硬論

外交交渉優先のもとで開戦の閣議決定がなされると、閣内で最も積極的に早期開戦を主張したのが大隈重信である。前述のように大隈は、リジェンドルの説く台湾植民地化論に大きな影響を受けていた。大隈は七月二七日、大臣・参議宛に早急なる開戦準備を訴える伺い（全二四項目の具体的事項が盛り込まれている）を提出する。この伺いは次のように主張する。清国は「兵備」が整いしだい、「直に」台湾にいる「我兵」を「追撃」することは「必然の勢」である。したがって、「兵備」が未だ「充実」しないうちに速やかに「諸般着手の順序」を議定する必要がある。こうすることが、「彼の方略」を「挫折」させることになる（「大隈文書」）。露骨な開戦論である。

図14　大隈重信

大隈はさらに二八日、大臣・参議宛に「海外出師の議」を建議して次のように訴える。外交交渉のみでは困難であり、「兵権」をもって「壅制《ようせい》（ふさぎおさえる）」しなければ清国の「驕気《きようき》」を破り、日本の「体」を立てることはできない。今や「戦議一決」して「急進」すれば、清国は「兵備」が未だ整っていないので「周章狼狽」し、「和」を請い「罪」を謝することになる。先んじて戦うのと「他日」先んじられて戦うのでは、国家の「栄辱得失」に関わる。即刻「出師（軍隊を出す）」すべきである（『大隈重信関係文書』二）。

こうした主戦論を建議した翌二九日、大隈は台湾の西郷従道に開戦の閣議決定を次のように報じている。

このままの状態では清国の「術中に陥り」、他日悔いを残すことになるから、「愚存」を主張して「逐次」閣議の「雄決」となった。山県陸軍卿の「持論」（軍備が整ってからの開戦論、すなわち避戦論）に対し、そのようなことでは「時機」を失って「勝算の目途如何」と「掛念」したことから、「今日の計」は「神速急進」のほかにない、という趣旨で協議した結果「一定」したのである（『大隈重信関係文書』二）。

この手紙の記述によれば、開戦決議は大隈の主導によってなされたようである。以後大隈は、政府内部において早期開戦論を主張することになる。

大久保の清国派遣

大久保は、台湾問題について日記では、三条に対し「断然見込申上置候」（七月三日）、閣議で「確然申上候」（七月四日）、三条・岩倉に対し「愚意確然言上」（七月六日）、と記すのみで、彼自身の見解を直接示すような史料は見いだせない。開戦閣議決定後の七月一三日、大久保は三条に「支那行きのことを内願す」、と自ら清国との交渉にあたることを願い出ている。

渡清意図について大久保は、七月三〇日の伊藤宛手紙で次のように述べている。「即今廟堂上の景況」において何もしないで過ぎていくならば、「百事水泡」に帰して「進退」これきわまることになるので、速やかに清国へ「一介の使臣」を派遣することが「肝要」である。政府内部で大隈のような強硬論（早期開戦論）が提起されている状況において、このまま何もしないでいるならば、開戦の可能性が大きくなると大久保は判断し、自ら使節となって清国との交渉を行なうことを要求している。そこには、大隈とは対照的な避戦論の立場が窺われよう。

三条と岩倉は、大久保の清国行きについて「内輪紛々」（国内多事）を理由に反対したが、大久保は執拗に要求し続け、ようやく八月一日に全権弁理大臣として清国行きを命じられる。この時、大久保の性格が読みとれる史料として、三条が岩倉に送った七月二六日付の手紙がある。紹介しておこう。

大久保の清国行は何としても止めなければならないが、「大久保性質御承知の通り故、御為と見込候は確乎動くべからざる処」があるので、お互いに「篤く説諭」しなければ、「一朝一夕」に止めさせることは覚束なく「憂慮」している（『岩倉具視関係文書』六）。

三条・岩倉が「憂慮」するほど、大久保の意志は固かったようである。なお、清国行きにあたって大久保は、三条に「軍国の政」を行なうべきであるという「覚書」を提出している。そこには、「政府信に戦に決するの実を挙げ、夜以て日に継ぎ、憤発勉励、軍国の政を行うべし」と記されている。しかし、戦争を準備しているから、開戦意図があったとみなすことはできない。大久保は戦争準備とともに、プロシアとアメリカに「至急」公使を派遣すること、各国公使に出兵の「始末」や清国との関係の「順序」を「巨細」に報知する、というような項目も掲げている。闇雲な開戦論ではなく、国際関係への配慮も怠っていないのである。

大久保の意図は、伊藤博文が木戸孝允に八月一三日に送った手紙に端的に表れている。そこには以下のように記されている。

大久保に清国に行く前に会って十分に「聞き糺し」たところ、次のような「見込」であった。「飽くまでも事を興さざる内意」ではあるが、清国政府の「決意」によっては、「戦争」はまぬがれ難く、実に「危急の機旦夕《たんせき》」に迫り、「止むを得ず」軍備にも取りかからざるを得なくなったのである（『木戸孝允関係文書』一）。

また、大久保は八月六日に寺島外務卿とともにイギリス公使パークスを訪ねている。パークスはその模様を、北京駐在のイギリス公使ウェードに次のように報じている。「大久保は、自分が北京へ行く目的は、日清両国間に存在する誤解を取りのぞき、両国の平和を維持することであると言明した」（萩原延壽『北京交渉　遠い崖—アーネスト・サトウ日記抄11』）。

このように、大久保はあくまでも避戦論であったのである。

清国との交渉開始

八月五日、大久保に清国行きの勅諭と委任状が授けられる。委任された権限（五項目）のなかには次のようなものがあった。「談判」は、両国の「和親を保全する」ことを「主」とするけれども、「止むを得ず」の都合によっては「和戦を決する」の権を有する。つまり、大久保に開戦を含む最終決定権が与えられたのである。

八月六日、大久保は政府高官の見送りを受けて横浜を発ち、長崎・上海を経て九月一日に天津に着いた。天津ではすでに交渉を行なっていた柳原前光公使の随員田辺太一《たなべたいち》から、清国政府の「判然」とした「決答」がなく「困難」である、という報告を受けている。そ

図15　清との交渉（村井静馬編『明治太平記』延寿堂，1880年より）

して、九月四日には柳原から次のような急報がもたらされた。

清国は、非を日本に負わせての開戦という意図のもと、「武備」充実のために議論を延ばしているにすぎない。こうした状況において「閣下」（大久保）が「談判」しても、うまくいくことは覚束なく、いたずらに清国の「武備を整頓」するという「術」に陥るだけである。したがって、北京での交渉はせずに最終通告を行ない、「宣戦の書」を発して清国の「不備」に乗じ「我が武威」を揚げるべきである。

即時開戦という強硬論である。さらに翌五日には、柳原の意向を受けた樺山資《かばやますけ》

紀《のり》と高崎正風《たかさきまさかぜ》が北京から駆けつけ、同様のことを大久保にぶつけるが、大久保は同日の日記に「同意せずして、明北京行きを決す」と書き、翌六日に大臣・参議宛手紙で「万々同意致し難い」と述べて、北京に向けて天津を発つ。

九月一〇日に北京に着いた大久保は、一四日に柳原公使とともに清国総理衙門を訪ねて、清国と第一回の会談を行なう。大久保はまず、日清両国の主張の相違は「貴国政府は生蕃を属地と言い、我国は無主野蛮の地と言う」点にあることを確認して、「属地」と言うならばどのような「処分」を行なっているのかと訊ねる。これに対し清国は次のように答える。中国は広大であり、これらのことを「坐上」で詳細にすることはできない。すると大久保は、「公法」（国際法）では「荒野」を有しているといっても、「実地」に領して「政堂」を設け、「益」（税）を得ていなければ、「所領」の主権があるとは認められない、と国際法の観点から詰め寄る。清国は税を取り立てていると反論するが、納税の実態については曖昧であった。初回は挨拶程度であると考えていた大久保は、二ヵ条の質問書（「生蕃」＝属地の論拠、漂流民保護策）を提出して会談を終えた（『日本外交文書』七）。

この会談について大久保は、九月一四日付三大臣・参議宛報告書で次のように述べている。使命の旨趣を説明して「詰問」に及んだところ、清国は「意外に出て俄に書籍等」を取り出して、「狼狽の色」をあらわし「曖昧」の返答に終始したので、質問書を渡した。「大条理」のあるところをもって「論破」しなければ、「後来の目途」を立てることはできないと考えている。大久保は、あくまでも「大条理」という国際法を論拠として、交渉する決意であった。

清国の論理

九月一六日、清国の四大臣が質問書の回答を持参して、大久保の旅宿を訪ねて来て第二回の会談が行なわれた。回答は次のようであった。属地の論拠としては、「生蕃」の「風俗」を改善しており、担税能力がある者は納税しており、「政教」は「漸」に及んでいる。漂流民には、今後「法」を設けて「保護」につとめる。大久保は、回答を熟読してから意見を述べる、と答えるにとどめている（『日本外交文書』七）。一九日、総理衙門で第三回の会談が行なわれた。大久保が「舌戦湧くが如く」と報告しているように、今回は激しい議論となっている。大久保は再度、「公法」（国際法）によれば「政権」が及んでいない土地は「版図」と認められていないので、台湾「蕃地」は決して清国の「版図」ではないことを「信ずる」、と主張する。

これに対し清国は、「万国公法」は「近来」西洋諸国が「編成」したものであり、清国の事は「載せられて」いないので、これを適用することはできない。日清間には「和約」（日清修好条規）がある。「和約」（第三条）に「両国の政事、禁令、各異なれば、其政事は己国（自国）自主の権に任すへし」とあるように、日清両国の「政事」「禁令」を相互に承認して尊重することが掲げられている。「生蕃」に政令が及んでいないことを言うのは、我が「政事を咎《とが》める」ことになる。「生蕃」のことは清国に任せるべきであり、このことを言うことは、日清修好条規に違反することである。「政事」が及んでいないから清国の「管轄」でない、と何度主張しても「拝答」することはできない。日本が「蕃地」を清国の「版図」でないと言うならば、「飽くまでも」清国の「版図」であると言うほかない（『日本外交文書』七）。

大久保の論拠である「万国公法」（国際法）と、清国側の論拠である「和約」（日清修好条規）とのぶつかり合いであった。その後、一〇月初めまで両者においては書面のやりとりが行なわれたが、こうした原則論を互いに言い合うことに終始している。

開戦論の高揚

大久保の交渉が難航するなか、九月下旬には日本国内で開戦論が沸騰する。九月二四日海軍次官川村純義《かわむらすみよし》は三大臣（三条・島津久光・岩倉）に意見書を提出して次のように言う。

開戦に備えての「根元の方策」は、海陸軍の「帥《すい》（統轄者）」の選任である。その人物として「腹蔵」なく申し上げるならば、西郷隆盛《さいごうたかもり》が最適任であると考える。清国との交渉が「談」じたならば、速やかに天皇から西郷に「海陸元帥の特権」を委任するようお願いせよ（「三条家文書」）。

また、陸軍少将山田顕義も九月（日不明）の三条太政大臣宛意見書で、清国との「交戦」について「今日の急務」は「大参謀局」を設け、「天下有望の人材」を抜擢して天皇親臨のもと、「海陸軍の謀略」を一定にする必要があると主張する。

さらに参議兼開拓使長官黒田清隆は、九月（日不明）の三条太政大臣宛意見書で次のように要求する。

大久保からの開戦という「飛報」を得たならば、軍隊を派遣し「猛攻急撃」すべきである。天皇が大元帥として「軍務の大本」を統御して「親征の詔」を出し、三条を元帥に任じて「軍務を統轄」させよ。そして、西郷隆盛および木戸孝允と板垣退助《いたがきたいすけ》に「勅使」を送り政府に復帰させ、「参謀局」に任じて「戦略を謀議」させよ（「三条家文書」）。

開戦論が高揚するなかで、このように西郷隆盛復帰論が唱えられてくるのであった。

九月二八日には、大久保の交渉は「平和を保全」する趣旨であるが、「止むを得ざる」時は「臨機の変」に応ずる「設備」をなすように、と開戦の覚悟を呼びかける太政官達が出される。そして、開戦論者大隈は九月三〇日、大久保宛手紙で即時開戦決定を次のように要求する。

> 国内の「気力」が「戦意」と決しているこの機会を失わず、「交戦」に及んだならば「勝算」は十分にある。「一戦」に及ばずに「姑息」な処分に出るならば、「壮士勇夫の不平」を抑えることはできず、「士気の鋭烈」は「意外の禍害」をかもす「懸念」がある。「決戦」の議を一定して清国の「深謀を破砕」することは、（大久保の）「胸算」にあるとは思うが「憂慮」のあまり「贅言《ぜいげん》（余計な言葉）」に及ぶものである（『大隈重信関係文書』三）。

こうした国内の開戦論の高まりのなか、大久保は九月二七日付三条宛手紙で次のような決意を述べる。

「和戦」の帰着は「名義」が判然としない限り、外国の「公評」もあることから「軽易の所断」に及ぶことはできない。「破談」になっても「道理」において「勝」をとることを「一大眼目」としている。清国の意図が「戦」か「平穏に成局」かは不分明であるが、何とか「無事」に収めたいという「意」があるということは「推察」される。

清国が「暴」に出てくるならば、「戦」と決するのは論をまたないけれども、我より「戦」をおこす「条理」はない。もし我より仕掛けたならば、清国の「術中」に陥ることになる。事を急いで「戦端」を開くことはできず、「苦心」しているところである。大久保は、避戦方針の貫徹による交渉継続の決意を示している。

交渉の不調

一〇月五日、総理衙門で第四回の会談が行なわれた。今回は、大久保がこうして「応接」しているのは、「和好」を主とすることからであり、「明瞭の答」を示して欲しいと口火をきると、清国は「生蕃」が我が「管轄」でないと日本が「強弁」することは、「和好」の趣旨に反することではないか、というやりとりから始まる。その後は、「生蕃」＝「無主の地」と「生蕃」＝清国「管轄地」、という第一回会談以来の議論の蒸し返しであった。

ここで大久保は、前年の副島種臣交渉時の発言を持ちだして確認を求めている。「副島大臣」より通告した時、「生蕃」が清国に「属」しているならば、「明答」すべきであるのに「化外蕃地」と答えているではないか。これに対し清国は、「副島大臣」の時のことを言うけれども、決して我が聴くところではなく、当時にさかのぼっても「無主」と答えたことはない。大久保は、「副島使臣」に答えたことを「信用」していたのだが、今後何度話しても決することはないので近く「帰朝」すると言い放つ。清国も「質問」には応ずるが、「帰国」を止めることはしないと返している（『日本外交文書』七）。

大久保はこの五日の日記に、「中々折合」が付くような「勢い」ではないので止むを得ず「断然申し切り」と記している。しかし、大久保は最終的な決裂＝開戦を選択したわけではなかった。もう一度清国に照会文を送ることを試みるのである。

大久保は、照会文について使節団の随員たちに諮《はか》り、井上毅《いのうえこわし》が草案を作成し田辺太一が修正することに決まった。一〇月七日から照会文の内容について検討したが、随員の意見は分かれることになった。「黒白分明」して「決絶」するという強硬論と「其のままにて引き払う」という穏健論である。大久保は、両論のなかで「進退」ここに「谷《きわ》まり」、「熟慮」したところ「義」と「理」のあるところによって決定するほかないが、随員の「衆論」を聞いても未だ「可否」は言わず、と日記に書きつけている。

九日、照会文は「和戦の両道」に関わることから、随員各々が「異同の見込」を議論するなか、大久保は「軽易」に決定すべきではないと「種々の説」を聞いている。井上毅草案の強硬論に対し、田辺太一は「平穏の趣意」をもって別れを告げるという別の草案を用意している。柳原公使は、交渉時に「無礼」の言葉があったこと、柳原自身の清国皇帝への謁見要求を拒否したことを「名義」として、「和親」を破って開戦すべきであると主張する。随員の意見が一致することはなかった。

大久保は「深思熟慮」して下した結論を、日記に次のように書いている。照会に対する回答が依然として「曖昧」であるならば、「断然」帰国するまでである。しかし、「戦」を期して帰国するのではなく、帰国後に「宸断《しんだん》」をもって開戦を決定するのが「上策」である。照会に対しては毅然とした態度で臨み、即時開戦を否定するということである。照会の内容については何も記していない。どのようなことが書かれるのであろうか。

駐清イギリス公使ウェード

ところで、後述するように決裂寸前の日清間で事実上の調停役を演じたのが、駐清イギリス公使ウェードであった。ここで、日清交渉時における大久保とウェードの動きを追っておこう。ウェードが初めて大久保を訪ねたのは、日清第一回会談後の九月一六日である。ウェードは交渉の方針を探ろうとしたが、大久保は話題をそらしている。

次いで、第三回会談後の九月二六日、ウェードは大久保を再度訊ねる。ウェードはまず、台湾の全島は清国に属するというイギリスの見解を伝え、日本が台湾「蕃地」を清国の属地でないと主張するのは、どのような「根元」によるのかと質している。大久保は、この問題は「種々錯雑」するところが多く「一朝一夕」の談話では尽しがたいと避けている。

それならば、とウェードは次のようにたたみかける。台湾に駐留している軍隊をどのように考えているのか。撤兵しなければ日清間の「紛擾《ふんじょう》」となる。もし撤兵を考えているならば、清国との調停にあたる用意がある。これに対し大久保は、日清両国の間で決定するので、「配慮」を煩わせることはない、と調停を断っている。なお、ウェードは英清間の貿易（通商）関係を保護・維持するために、日清戦争の回避に努めるのである、というイギリス側の意図を明らかにしている（『日本外交文書』七）。

調停拒否について大久保は、九月二八日付三大臣・参議宛手紙で次のように述べている。各国の「仲裁交裁」に及んだならば、日本の「威力」の伸縮に関わって「容易ならざる重事」となる。「臨機応変」に申し紛らわして、取りあわないようにしている。外国の調停を受け入れることは、内政干渉をもたらす「重事」であるとして拒否していたのである。

大久保に調停の意図を示したウェードは、清国に対しても戦争回避の立場から、償金の支払いと交換に日本軍の撤兵を実現させて解決してはどうかと勧告している。九月二八日にその旨を総理衙門に手紙で伝えた後の一〇月三日、ウェードと清国大臣の間で次のような会談が行なわれている。償金の支払いを拒否する清国に対しウェードは、撤兵要求の方策としてどのような譲歩が可能なのかと問う。清国は、台湾出兵そのものは非難しないこと、戦費賠償ではなく琉球漂流民遺族への少額の補償金を支払う、という二つの譲歩案を示している（萩原延壽『北京交渉　遠い崖—アーネスト・サトウ日記抄11』）。清国は妥協の道を探っていたのである。

大久保の最後通告

一〇月一〇日、大久保は照会を清国に送付する。この最後通告とも言うべき照会はつぎのようなものであった。

台湾「蕃地」は、法律が未整備で「郡県」も未設立であり、「文教」や「政令」も及んでいない。このような状態を「万国公法」による「版図」としての「実据《じつきょ》（よりどころ）」とすることができるのか。「版図」が確実でないならば、出兵を「侵越」とすることは「断々」承認できない。清国は、出兵を日清修好条規に違反すると言うが、日本は「和好」を重んじており、清国の方が柳原公使の謁見を許さないなど「和交」を妨げようとしているのではないか。「好宜」を「保全」したいのであるならば、「両便の弁法」というものがある。五日以内の返答を求める（『日本外交文書』七）。

大久保は、従来からの原則論を述べたうえで、「両便の弁法」という両国にとって都合がよい（「便」）処理法（妥協策）の提示を求め、清国との交渉再開を図ったのである。そして、一〇月一四日に大久保はウェードを訪ね、次のように述べている。

出兵は「義挙」であり、あえて領土を「貪《むさぼ》る」ことではないので、「名誉」を保てれば撤兵する考えである。また、この「義務」を遂げるために「莫大」の経費を用いている。したがって、日本政府の「満足」するところと国民に対して「弁解」すべき「条理」がなければ撤兵は難しい。そして、これらは清国側から提示すべきである（『日本外交文書』七）。

大久保は、撤兵条件として「名誉」のみならず「莫大」の経費に対する補償、すなわち償金をウェードにもちかけたのである。前述のように賠償金を得ての撤兵は、北京交渉に入る前（七月一五日）の柳原公使への訓令で出されていた方針であり、ウェードがすでに清国側に償金問題を提示していたことも、大久保は知っていた。

大久保の最後通告（照会）を清国は受け入れて、一〇月一八日に四大臣が「弁法」を談ずるために大久保の宿舎を訪ねてきた。第五回の会談である。まず、お互いがそれぞれ相手側から「両便の弁法」を提示させよう、という駆け引きからはじまった。清国側が提示しないので、大久保は次のように切り出している。

出兵は領土を「貪る」ことではなく、日本国民を「保護」し「蕃民」を「開導」して航海者の「安寧」を保つ、という「大義」から行なったものである。こうした行為の費用は、「莫大」なものとなっている。清国政府がこれを「償う」ことは当然である。償金の要求である。これに対して清国側は、出兵の「趣旨」について「不是（不正）」と言ったことはないとして、償金支払いは「査弁（調査）」を経なければ応じられず、政府内で検討する必要があるので即答できない、と応じている。大久保はこの申し出を受け入れ、返答まで二日間の猶予を認めて会談は終わった（『日本外交文書』七）。

大久保はこの会談について、日記に次のように書いている。「弁法の談」に及び、「少し模様を改め、大臣等面目を替え候都合」となり、まず「楽しみある景況」である。大久保は、「両便の弁法」という妥協策に向けて動き出すと、出兵は「不是」ではなく、償金支払いを拒否しない、という清国側の発言を得て、今後に「楽しみ」を持ったのである。

琉球併合に向けて

交渉決裂の危機

交渉に「楽しみ」を懐《いだ》いて大久保利通は、一八七四年（明治七）一〇月二〇日に返答を求めて総理衙門を訪ねる。第六回の会談である。前回の会談を踏まえて大久保が、「査弁」後の「出金」について問うと、清国側は「労兵」（出兵）のための「出金」ではなく、皇帝による「難民」への「償い」であると答える。大久保が書面で示せと要求すると、皇帝からの「償い」であるので文書にはできず、金額も「確答」できないと応じる。大久保が「確然たる明言」がなければ承服できないと言うと、清国側は四ヵ条の文書を示した。

そこには、次のようなことが記されていた。日本は「台湾蕃境」が清国の「地方」であることを知らないで出兵したのだから、「不是」とはしない。日本軍撤兵後に「査弁」して、清国大皇帝の「恩典」をもって「撫恤《ぶじゅつ》（いつくしみあわれむ）」する。大久保はこうした「空言」ではなく、確乎たる「證蹟《しょうせき》」がなければ撤兵はできないとして、「確證」の明文を要望して会談は終わった。別れる時清国は、通訳鄭永寧との明日の会見を求め、大久保は了承した（『日本外交文書』七）。この日の日記に大久保は、清国は「勝手のみを唱え、我が便法を適」しようとしないので、「異論」を唱えておいた、と記している。

翌二一日、通訳鄭は大久保の手紙を携えて総理衙門を訪ねた。大久保の手紙は、償金は「撫恤」としても構わないが、金額を明記した文書を出せ、というものであった。償金の名目についての譲歩である。そして、鄭は賞金として三〇〇万ドル（清国の二〇〇万両《テール》）の要求を伝え、次回の会談を二三日に決めている（『日本外交文書』七）。

日清第七回の会談日である二三日、ウェードが交渉経過を聞くため大久保を訪ねてきた。大久保は、賞金の名義については「枉《ま》げて」抗議しないが二〇〇万両を要求し、清国が確証とすべき書面を出して、日本が望む「条約」を結ぶならば撤兵すると伝えている。その後、大久保は総理衙門での清国との会談に臨む。

会談は、償金の名義・金額と文書をめぐって紛糾する。清国は、償金は「撫恤」の名義で支払う、「撫恤」と「兵費」では大いに異なる、前者ならば「相当」であるが後者ならば「不足」するように、金額において双方に大きな開きがある、「撫恤」としても書面に「数目」を明記することはできない、と主張する。対して大久保は、「撫恤」ということは清国の「名目」に関わることから、「独断」をもって譲歩したものである、それにもかかわらず日本の要求である書面で明示できないならば、強いて「乞う」ことはしない。二〇日の清国提案（四ヵ条）は「返却」して、「弁法」の議論は今日を限りとして止める、と応じる。

清国も「両便の弁法」は日本側の申し出であって、四ヵ条も「両便」と思って提示したのだが止むを得ない、「蕃地」は清国の「属地」である。大久保はこれに対し次のように突き放つ。四ヵ条は清国の「便」であって日本の「便」ではない、皇帝の「撫恤」と言うのみで書面に明記しないのでは「信用」できない、「蕃地」を清国の領土とみなすことはできない（『日本外交文書』七）。

この日、大久保は日記に次のように書き残している。

「いたし方」なく「破談」に及んでしまった。「和好」が調《ととの》わなかったことは、実に「残念」である。十分に「歩を譲りこれをまとめ」たいと「百方」交渉したのだが、こうなったのは「人力」の及ばないことと「愚考」して「決断」したのである。二六日には北京を発って、帰国の途につくことを決めた。

交渉決裂による帰国の決意であった。

妥協なる

二四日、大久保は別れをつげるためにイギリス・ロシア・アメリカ公使を訪ねた。イギリス公使ウェードには、清国が書面を出して「相当」の条約を結べば、「金額」を減少することもあると述べている。ウェードは早速この発言を清国に伝え、どれくらいの金額なら支払えるのかと訊ね、翌二五日に五〇万両《テール》までなら、という返答を得ている。そして、ウェードは夕方に大久保を訪ね、清国の意向を伝えている。大久保はこのウェードとの会談とその後の対応について、二五日の日記に次のように書いている。

清国大臣からの「頼み」を受けてウェードが来て、清国は「五〇万テール」を支払い「書面」を出すことに決定したと述べて、「閣下」（大久保）はこれを「許可」できるかと訊ねた。これに対し、帰国が明日に迫っているが、容易ならざる「大事件」なので「勘考」して、こちらから訪ねて返答する。その後、次のように「熟考」する。「談判」がまとまらないで帰国したならば、「戦端」を開くことになろう。日本から「宣戦」する「名義」がないので、開戦となったならば外国の「誹謗」を受け、独立の権利を「殺ぐ」ことになる。「和好」の方針でまとめることが使命の「本分」なので「独決」した。

午後八時、「独決」した妥協案をイギリス公使館のウェードに申し入れている。それは、次のようなものであった。金額は清国の要望に任せて五〇万両とする。そして、出兵を「義挙」とみなすこと、出兵に関するこれまでの「紛議」を取消すこと、五〇万両は撤兵前に支払うことである。この妥協案をウェードが清国に伝えることになった。大久保がイギリス公使館を辞したのは、日付が変わった二六日午前一時であった。

大久保は、帰国直前の二五日夜のウェードとの会談を経て「独決」によって、最後の妥協案を打ち出したのである。清国は二八日、大久保提案の「趣」に「同意」を示した。その後、ウェードが日清間で細部の調整に務め、三一日に条約の調印を行なうこととなった。大久保は「一言」もウェードに「依頼せしことなし」と強弁するが、ウェードから清国の意向を聞き、日本の条件を伝えるなど、彼の調停があって妥協に至ったのは事実である。

妥協の内容

一〇月三一日、妥協案である日清両国間互換条款が総理衙門で調印された。前文と三ヵ条からなっている。前文では、台湾「生蕃」がかつて「日本国属民等」に妄りに「害」を加えたので、日本はこれを問うために兵を出して「詰責」した、と記されている。第一条は、出兵は日本が「保民義挙」のために「見を起す（計画する）」ものであったのであり、清国はこれを「不是（不正）」としない。第二条は、清国は被害民に「撫恤銀」を支給し、日本が台湾で修築した道路や家を有償で用いる（別紙の「互換憑単《ひょうたん》」で「撫恤銀」を一〇万両、有償額を四〇万両、と計五〇万両となる）。第三条は、両国が交わした公文書は破棄し、清国は「生蕃」に対し「法」を設けて「航客」の安全を保証し、「凶害」を受けることがないようにする。

大久保（日本）の主張は、台湾「蕃地」＝「無主の地」を前提として、出兵は琉球人＝日本人殺害に対する問罪行為＝「義挙」である（琉球の日本帰属の明確化）ということであった。こうした主張は、条約にどのように反映されているのであろうか。

まず、前提とした「無主の地」論は、交渉において清国が譲らないことから棚上げとなり、未決着に終わった。しかし、第三条には今後の清国領有権を認めるような項目があることから、以後「無主の地」論を展開することはできなくなるであろう。

次に、「義挙」論は認識の違いがあった。清国は、日本が台湾「蕃地」が清国領であることを知らないで、「保民義挙」のために出兵したとして「不是」とみなした。そして、被害者を「日本国属民等」と表記している。実は、日本は被害者に琉球人以外で略奪にあった小田県（現岡山県）の水夫も加えていたのである。すなわち、琉球人を「日本国属民」と明記しているわけではなく、曖昧な表現となっている。清国は琉球人＝「日本国属民」と認めたわけではないが、日本は琉球人＝「日本国属民」の立場からの「義挙」論ととらえたのである。

なお、前にみたように琉球帰属問題は、当初の方針から問題としないこととしており、実際に日清交渉で議論されることはなかった。いずれにしても、清国が「義挙」という文言を否定しなかったことは、日本はその主張が通ったものと理解した。大久保は以後、琉球併合に向けての論拠として、この「義挙」論（琉球人＝日本人）を強調することになる。

清国の「撫恤」金支払いは、ウェード提案の妥協策として実現したものであり、日本の本来の要求ではない。日本の要求ならば、「蕃地」＝清国領を前提とした賠償請求となる。「撫恤」（いつくしみあわれんで与える）という名目で、金額も日本の要求額（二〇〇万両）の四分の一（五〇万両）と、清国の要望を受け入れているが、「撫恤」金であれ受け取ることは、「蕃地」＝「無主の地」論の正当性を損なうものとなる。

大久保は、最後の妥協案を「独決」した二五日、日記に次のように書いている。出兵は「義挙」であることから、金額の多少によって「事破れて」は大いに「名誉」にかかわり

「義挙」を傷つけるものである。重んずるのは「名義」であって金額ではない。この二つの「軽重を酌量」して「一刀両断」に決したのである。

このように、大久保が何よりも重んじたのが「義挙」という名義であった。互換条款《じようかん》を調印する前日の一〇月三〇日、大久保は黒田清隆に次のような手紙を書いている。

大久保の立場

出兵は「義挙」であり「美意」である。この「道理」があったから清国も「屈服」し、各国公使も日本に「左袒《さたん》（味方）」したのである。この「道理」は、失ってはならない「至宝」であり、ますます「貫徹」しなければならない。とするならば、五〇万両をどのように使うのかは、日本の「名誉」に関することである。そこで、一〇万両は被害者の遺族と戦病死した兵士ならびに功労者に使用するが、残りの四〇万両は清国へ返却すべきである。出兵の「趣意」は、「人民」の保護と台湾先住民の開化および航海の安全にある。したがって、四〇万両は清国がそれらに使うようにすれば良い。償金の返却は、西洋文明国はいまだかつてしたことがない。「剣」で敵国を「退治」するよりも、この「大断」でアジアの「一小島」である日本の「盛名」は輝き、「宇宙間の快時」となろう。

大久保は「義挙」の「貫徹」のためには、「撫恤」金を受け取ってはならなかった。しかし、妥協策として受け取ることになったことから、その返還を考えていたのであろう。リジェンドルの影響を受けて台湾植民地化論を懐き、政府内部で強硬な開戦論を主張していた大隈重信は、後年台湾出兵を回顧して次のように語っている。

あの征伐で台湾位は取れたろうが、英米が例の心配性を発揮して、支那の領土を日本に渡すと日支問題となると云うんだ。何我輩は大丈夫である、安心しろと云うたんだが……支那と戦って運好くば、台湾は勿論福建省位は取る下心があったんでね。戦争の用意も十分整えた位さ（『大隈重信関係文書』二）

大久保は、出兵の実行から日清交渉にいたる過程で、避戦論の立場からこうした主張を抑え込んでいたのである。そして、調印翌日の一一月一日、北京を発って台湾に向かった。撤兵を実現させるためである。一一月一六日、台湾に着いて西郷従道に撤兵を命じると、西郷は「異議」なく同意する。その後、横浜に着いたのは一一月二六日であった。

清国との交渉結果が伝わると、政府内部における大久保の評価は高まった。岩倉具視は、日清間の紛糾という「未曾有の大困難」に至り「苦慮」していたが、平和的解決となって「国威」を高めたことは、あなたの「憂国の赤誠」によるものである、と大久保に書き送っている（『岩倉具視関係文書』六）。また、伊藤博文は、条約調印は「実に意外」であり、この上ない国家の「大事」であり、大久保の「苦心」により戦争を回避できたことは「大功」と思われる、と木戸孝允に報告している（『伊藤博文伝』上）。

これを受けた木戸は、大久保に手紙を送って次のように述べる。日清戦争という「煩念」があったけれど、あなたの「御尽誠」で平和に落ち着き、「名義」も立ったことは、この上ない「幸福」であり「雀躍」にたえず、「天下」のために慶賀すべきことである。これは、あなたの「御殊功」にほかならない（『木戸孝允文書』五）。

勝田孫彌『大久保利通伝』（下）が、「北京談判以来は、内外の重望更に加わり、従いて政府の基礎もまた、次第に安固を加え、国内の政務は愈々其緒に就くに至れり」と的確に評価しているように、北京交渉を経て大久保の声望は急速に高まり、政府内の指導的地位は不動のものとなった。大久保政権の確立である。

こうして台湾出兵をめぐる日清間の条約において、清国に「義挙」論（琉球人＝日本人）を認めさせたとした大久保は、早速琉球併合に向けて動き出していく。

琉球政策の提示

北京から帰国して間もない七四年一二月一五日、大久保は三条実美太政大臣に「琉球藩処分」に関する建議を行ない、琉球政策の基本方針を次のように提示する。

琉球藩は、七二年に尚泰《しょうたい》を「藩王」に「冊封《さくほう》」したけれども、清国の「所管」を脱することなく「曖昧模糊」として、いずれの「所属」か「一定」しないことは「不体裁」である。また、台湾出兵をめぐる清国との交渉によって、清国は出兵を「義挙」とし「撫恤」金を支払うことにより、日本の「版図」である「実跡」を表したけれども、いまだ「判然たる成局」になっていない、と琉球所属問題を議題としなかったことを認めている。

しかし、「万国交際」の今日において、このまま「差置いて」は他日の「故障」を招くことになる。また、台湾出兵は琉球「難民」のために行なったものであるから、本来ならば藩王自ら上京して「恩義」に感謝しなければならないが、従来の「因習」から清国を「懼《おそ》れ」て、これまで上京したことがないので、いちおう「用赦（容赦）」する。したがって、琉球藩の「重役」を東京に呼び寄せ、台湾出兵の「顚末」、清国との交渉の「曲折」、現在の「形勢名分分理」を「懇篤」に聞かせて、藩王の上京を促すことにする。

図16　尚　泰

「重役」には、清国との関係を「一掃」し、鎮台分営を那覇に築き、「刑法教育」をはじめとする制度「改革」を進めるよう「説諭」する。それらのなかで、琉球藩がアメリカ・フランス・オランダと結んだ条約は「差置き難い」ものであるので、速やかに日本政府が「結び替える」ようにする。さらに、清国から得た「撫恤」金から台湾での被害者へ「撫恤」米を給与し、汽船を購入して琉球に下賜する、ということも加えている。

台湾出兵を経て、清国との関係を「一掃」し琉球併合（国境画定）に向けて、本格的に動きだすことを示す建議である。これは許可され、一二月二四日に琉球藩「重役」の上京が命じられる。「重役」着京間近の翌七五年三月一〇日、大久保は再び「琉球藩処分」を上申し、「重役」に「懇諭」する具体策を次のように掲げる。藩王尚泰の上京、「明治」の年号使用、「刑法」施行にあたって「刑律」を調査する担任者の上京、「藩治職制」を改正するため官員の琉球派遣、「学事修業」を通達するため琉球藩「少壮」者の上京などである。なお、同上申は鎮台分営の速やかなる設置を督促しているが、五月七日に「藩内保護」のため熊本鎮台分営設置の達しが琉球藩に出されている。

琉球藩「重役」への説諭

大久保の「重役」への説諭は、三月三一日から始められて五月四日までの一ヵ月あまりに及んだ。説諭は高圧的に行なわれている。最初の会見で大久保は、台湾出兵は琉球藩「人民」のために行なったものであるが、藩王はこれをどのように思っているのか、と謝恩のための藩王上京を促す。これに対し、琉球藩側は「評議」のうえで返答すると応じている。そして、大久保は鎮台分営設置の内定、汽船の下賜、被害民への「撫恤」米給与を告げている（松田編『琉球処分』）。

汽船と「撫恤」米について琉球側は、当初は清国に対して「如何」と拒否したが、譲歩して了承している。しかし、鎮台分営設置は強く拒否する。その理由は次のようなものであった。琉球はこれまで、「寸兵」を備えず「礼義」によって「維持の道」を立ててきたものである。そして、日本と清国に「奉属」してきた琉球は、両国の「御蔭」で相立ってきたものであり、日本への「奉公」と清国への「進貢」は「重大の規模」であることから、鎮台分営は清国に対して何とも言いわけできない。「数百年来」の「恩義」厚い清国との「信義」が立たないことは極めて「胸痛」である。非武装の歴史と清国との朝貢関係を理由としての鎮台分営拒絶である。

大久保は、清国に対して相済まないなどと言うことは承知できなく、「不心得」であると切り捨て、「明治」年号の使用など三月一〇日上申で示した具体策の実施を要求する。琉球側は、「重役」の一存では決められないので「評議」のうえで返答するとし、藩王上京も病気を理由として拒否している。五月四日、大久保は日記に「琉人」は「頑固いたしかた」なしと書いて説諭を止め、七日に「琉球事件」についての閣議を開いて今後の対応を決定し、翌八日に三条太政大臣に次のような上申を提出する。

藩王上京は拒否の意志が強いので、しばらく「容恕」する。鎮台分営設置は「急務」であるので、拒否されても実現する。「藩制」改革も同様であるので、「適度」に応じて「施行」する。「朝貢」廃止は頗る「重大」であるので、「漸次」進めていく。また大久保は、清国の「新帝」（光緒帝《こうちょてい》）即位に伴い、琉球が「旧例」による慶賀使を派遣する日が迫っている時期に、その派遣を「黙視」することは「国権」に関わる問題であるので、「琉球藩処分」を「確定」しなければならない、と強調している。この上申を受けて翌九日には、琉球の「朝貢」と慶賀使派遣を廃止するなど、琉球の清国との関係を断絶させるため、「官員」を琉球に派遣することが決定された。

松田道之の琉球派遣

五月一三日、「琉球藩処分」を伝えるために内務省官員松田道之《まつだみちゆき》に琉球出張の命が出される。そして、一七日に大久保は「処分」の着手順序の「見込」を三条太政大臣に提出し、慶賀使と朝貢の廃止を最重要課題として、琉球側の返答に関わらず「断然」実行すべきであると強調する。松田は、六月一二日に東京を発って七月一〇日に那覇に着き、一四日に首里城で琉球藩首脳部に処分方針を言い渡して交渉に入る（松田編『琉球処分』）。

松田の提示に対して、琉球側は次のように「懇願」する。

清国との朝貢・冊封関係の断絶要求については、琉球は日本と清国の両方に「属し」ており、両国は「父母の国」である。清国との関係を差し止められたら「親子の道」を断つも同然であり、「累世」の「厚恩」を忘却し「信義」を失うことになるので、「是まで通り」にしていただきたい。年号や暦も「是まで通り」、職制も「内地」とは「別段」の取計いによって現状通りに願いたい。

こうした琉球の「懇願」に対し、松田は次のように「説諭」する。

今までは「両属国」として「黙許」してきたが、「万国」との交際が密になった現在、独立国たるものは世界の「条理」・「万国の公法」に照らしてその権利を全うしなければならない。琉球藩のように日本の「版図」を「他邦に臣事」させ、「両属」の体制となっているることは、「国権」の立たない最大の要因である。速やかにこれを改めなければ、「世界の輿論」に答えることはできない。「両属」を主張することは、「旧格」に囚われて「新規」につかない「自私の苦情」にすぎない。琉球藩が日本の「版図」であることは「万国」が認めており、清国に対しても台湾出兵の「始末」において「明示」したところである。

松田は、台湾出兵の「義挙」論を最大限に利用しているのである。

琉球側も負けてはいない。松田の「説諭」に対して、次のように反論する。

琉球藩の「国家創立」にあたって、「政体諸礼式」に至るまで中国の「教諭」を受けた「恩義」は軽いものではない。したがって、「進貢」は「大義」であり「信義」を守ることは、「天下の至公」であって「自私の苦情」ではない。そして、このことは「万国の輿論」に対しても「答弁の条理」が立つことである。また、台湾出兵後も「進貢」は行なっており、清国も琉球藩への「情義名分」を「廃絶」したとは考えられない。

松田は琉球藩への「説諭」について八月一日、大久保に次のように報告している。清国との関係断絶要求を「遵奉」せず、「嘆願」する主意は甚だ「不条理」である。「藩情」はすこぶる「困難」であり、「幾百」の「懇諭」を行なっても「心服」させることは難しい。ただ「条理」をもって「厳威論弁」して「威服」させる覚悟である（松田編『琉球処分』）。

こうした「厳威」なる「懇諭」によっても、琉球側は「心服」しなかった。そして、使者を東京に派遣しての嘆願を要望する。松田は、それを逆手にとって、嘆願を了承するが認められなければ、東京で直ちに「遵奉」するという藩王の文書を提出させることとし、上京嘆願を受け入れて九月一一日、琉球藩使者とともに東京に向けて那覇《なは》を発つ。

琉球の嘆願活動

九月二五日に東京に着いた琉球藩使者は早速、一〇月から政府への嘆願活動を始める。清国との関係断絶は清国の「恩意」に背き「信義」を失うことになり、日清「両属」は各国とも「明知」していることを、「松田殿」に「情義」を述べて「嘆願」したけれど「聴許」されなかったので、上京して直接政府に「嘆願」する。琉球使者の「懇願」である。

これに対し三条太政大臣は一一月、申し立てることは「聞き届け難い」ので速やかに「遵奉」せよ、翌七六年五月には「最早」御用はないので「早々」に「帰藩」せよと退京を命じる。そして、六月五日には藩王尚泰に対し、三条太政大臣は次のような達しを突きつける。

清国へ対する「臣礼」は、「我が国体と国権」に関する最も「大」なるものであるから、断然たる「謝絶」は深遠なる「詮議」から出されたものである。「一藩」の「姑息の情」を酌量すべき「筋」ではないので、今後いかなる「嘆願」があっても採用しない。

この最後通告に対しても藩王尚泰は、「熟評」しても「遵奉」できないので、さらなる使者を派遣して「陳情」し「名義分明」の処置を蒙りたい、という願書を出している。

琉球藩使者による嘆願がなされていた時期、大久保政権は琉球藩内に手を入れてくる。七六年五月に琉球藩の裁判権と警察権を内務省出張所に移管させ（琉球側は裁判を「藩庁」で行なうよう「嘆願」して移管に抵抗する）、鎮台分営への熊本鎮台兵派遣を決定し（九月に派遣実行）、七月に清国への渡航には内務省出張所の許可を必要とすることを決めている。

政府への嘆願活動を拒絶されると、琉球藩は清国への使者派遣に打って出る。一〇月に琉球を発った使者は漂流の末、翌七七年三月に清国に着いて窮状を訴えている。この訴えに接した清国は、初代駐日公使として赴任する何如璋《かじょしょう》に明治政府と琉球問題について交渉するように命じる。何如璋が一二月に来日すると、琉球藩使者は彼のもとを訪ねて運動を継続する。そして、何如璋は使者と連絡しつつ、清国と琉球藩の関係断絶を強要する明治政府に強く抗議することになる。何如璋の日本批判が展開されるさなかの七八年五月一四日、大久保は紀尾井町清水谷で島田一良《しまだいちろう》らによって暗殺される。何如璋は九月に寺島宗則外務卿に抗議し、一〇月には寺島外務卿宛に厳しい非難の手紙を送っている。

琉球併合の強制

大久保が暗殺された後、松田が中心となって琉球併合は強行される。松田は七八年一一月、大久保死後に内務卿に就任した伊藤博文に「琉球処分案」を提出して、併合の基本方針を次のように提起する（松田編『琉球処分』）。

琉球藩「処分」は、「内治自主の権」に属するが「不条理」であってはならない。しかし、「非常の変革」であるので「条理」のみにこだわってはならず、「大体の条理」に背いていなければ、政府が「適当」とする目的を達するための「厳酷の処分」には「理」がある。そもそも、琉球藩は「万国公法」で論ずる「半主国」ではなく、純然たる日本の「一藩地」であるので、これを「変革」することに何の憚《はばか》りがあるか。

それでは「変革」する「条理」とは何か。清国との朝貢《ちょうこう》・冊封関係の断絶と裁判事務の引渡しの「命令」を「遵奉」しないことである。また、清国へ「密訴」するなどの「隠匿」の行為も同様である。こうした「事件」を「条理」として、「廃藩置県《はいはんちけん》」という「処分」を行ない、藩王が「背反」を示したならば、「兵威」をもって「処分」すべきである。

琉球藩を日本内地とみなして、政府（天皇）の命令を実行できないので強制的に内地と同一（併合）にする、という論理である。この論理は、七年前の七一年に内地で断行した廃藩置県と同じものである。七一年の廃藩置県の詔書には、「億兆保安」と「万国対峙」を目的として版籍奉還《はんせきほうかん》を許可し、旧藩主（知藩事）にその実行を命じたが、旧藩主が「実（目的）」を挙げられないので廃藩置県を行なう、と述べられていた（拙著『廃藩置県』）。

松田はその後、伊藤内務卿に琉球行きを志願し、一二月二七日に琉球出張を命じられる。そして、翌七九年一月六日に三条太政大臣の指令が出される。その指令は、「遵奉書」の提出期限を一週間とする、「遵奉」しなければ「厳重の処分」があることを申し渡す、どのような「嘆願」も受理しない、決して「酌量」の処置をするな、というものであった。松田はこの指令を受けて、一月八日に横浜を発って二五日に那覇に着くと、翌二六日首里《しゅり》城に出向き、藩王代理の今帰仁《なきじん》王子に「遵奉書」の提出を督促する書面（最後通告）を渡す。

併合の断行

最後通告を受けた琉球藩は、清国の援助をバックとして「固辞」することに「胸算一決」して、二月三日に藩王名の拒否書を提出する。そこには、「情義」において受け入れ難いとともに、清国との関係断絶については日清間での協議が

図17　琉球処分官（前列中央が松田道之）

始められており、その協議がまとまらないうちに「遵奉」したならば、清国に対し「相済まない」だけでなく、清国から「譴責」されるので「遵奉」できない、と記されている。清国の抗議を前面に出しての拒否であった。琉球藩は、あくまでも抵抗を貫こうとしているのである。

松田はこの拒否書に対して、日清間の外交問題は関係のないことで、これを「口実」とすることは「不条理」であり、もはや「酌量」の道はないので帰京する、後日の命令を待て、と答えて翌四日に那覇を発っている。

松田帰京後の三月一日、伊藤内務卿は「琉球藩処分方法」を三条太政大臣に提出する。琉球藩内の軍隊と警察官を増員し、「処分官」は警察官と軍隊を伴って琉球に入り、藩王や藩吏が「処分」を拒んだならば警察に「拘引」し、「兇暴」な行動に及んだならば「兵力」で「処分」すべき、と警察力・軍事力を前面に出しての「処分法」である。

この「処分法」により松田は三月一二日、警察官一六〇余名を引き連れ横浜を発ち、途中の鹿児島で熊本鎮台兵約四〇〇名を加え、二五日に那覇に着いた。松田は二七日、首里城に入り藩主代理の今帰仁王子らに、琉球藩を廃して沖縄県を置く、という三条太政大臣名の達しを手渡す。七五年以来、琉球藩王が「使命」を「恭《うやうや》しく（つつしむ）」しないことは、実に「差し置き難い」ので「廃藩置県」となった、とその理由が示されていた（松田編『琉球処分』）。

「廃藩置県」という名の琉球併合である。琉球の日清両属体制を解消し、日本国内に組み込んで南方の国境を画定する、という大久保の意図は死後の七九年に実現した。しかし、それは琉球側の主張に一切耳を貸さない強圧的で一方的なものであった。

清国も当然、日本の琉球併合を認めるものではなかった。その後、琉球問題をめぐる日清交渉が始まる。

朝鮮との国交樹立

日朝交渉の開始

征韓論政変後に急浮上した台湾出兵問題から、琉球併合を追うことによって一八七九年（明治一二）まできてしまった。ここで、征韓論争の本来のテーマであり、東アジア問題の中核である朝鮮問題に目を転じていこう。時間は再び七四年初頭に戻る。

大久保の朝鮮政策論

前述のように、征韓論政変翌年の七四年一月二六日に大久保利通《おおくぼとしみち》・大隈重信《おおくましげのぶ》両名に対して、台湾・朝鮮問題の取り調べを命じた三条実美《さんじょうさねとみ》太政大臣は二月初め、朝鮮使節論を独自に作成して岩倉具視《いわくらともみ》・大久保らに示した。三条の朝鮮使節論は、平和的交渉を第一義とし、情勢探索のための軍人派遣や海軍準備などの事前策をあげているが、「征討問罪の挙」を認めるという、基本的には西郷隆盛《さいごうたかもり》の使節派遣論と同じ強硬論（征韓論）であった。

こうした強硬論に対し大久保は二月一日、岩倉に三条は少し「曖昧」の様子があると責めたて、翌二日に自らの考えを二点ほど三条意見書に付箋を貼って書き入れている。

一点目は、事前策としての探索者の派遣についてである。これは「大事」なことであるから、後日に意見書を提出するつもりである。そして、二点目は「征討問罪の挙」についてである。こうした軍事行動は、あらためて閣議で議論を尽くすべきであり、使節の派遣は「征討」（開戦）の決定があって初めて実行できるものである（『岩倉具視関係文書』七）。

このように大久保は、現状では使節派遣は開戦に連なるという認識（征韓論争での主張）から、派遣にあたっては戦争の覚悟を決めなければならないと言う。「征討問罪の挙」は閣議で評議すべきである、と日朝戦争の利害得失を熟慮したうえでの使節派遣でなければならないとする。事前策の重要性の強調であり、西郷使節派遣反対論と同じ主張である。

三条の探索者派遣という事前策に賛意を示した大久保は、それを具体化すべく二月六日頃、「朝鮮へ数名を派遣するの旨趣」を大隈との連名で提出して次のように言う。

まず、朝鮮使節の派遣自体はすでに閣議で一決した、と征韓論争で決定したという前提に立つ。次いで、使節の目的は「友国の広誼」を表し「旧交の誠意」を尽くす、と平和的姿勢に徹することであり、これは決して失ってはいけないものである。そして、使節派遣前に朝鮮の「国情」「兵備」「版図」の形勢を探索するために数名を渡航させる。探索者は使節の名称を用いず、「旧誼」を棄てず「旧情」を破らないことを「旨」とし、三～五名を「和船」を用いて渡航させるべきである（「三条家文書」）。

宗氏派遣論

こうした事前策は、外務省官員森山茂《もりやましげる》の上申を受けたものであり、派遣する「数名」とは前対馬藩主宗重正《そうしげまさ》とその随員である。明治初年以来、朝鮮外交の実務を担当してきた森山茂はすでに一月一一日、「朝鮮国維持の方法に付上申」なる文書を寺島宗則《てらしまむねのり》外務卿に提出し、宗氏派遣を要求していたのである。

この上申で森山は、正式な「国使」派遣が困難なことから一つの「弥縫策《びぼうさく》」として、朝鮮が「信じ」かつ「尊ぶ」ところの対馬《つしま》の宗《そう》氏を派遣し、国交樹立に向けて周旋させるべきであると主張していた（「三条家文書」）。大久保案にみられる「使節」の名義を用いず、なるべく「古風の体面」で「和船」により、随員は三～五名とする、ということは森山の意見であった。

大久保は、使節派遣を前提としつつその事前策として、予備交渉を目的とする宗氏派遣を打ち出したのである。使節派遣による日朝戦争を回避する方策である。佐賀の乱を鎮圧するため二月一四日、大久保は佐賀に向けて東京を発つが督促し続け、宗氏派遣は四月上旬に決定される。そして、前対馬藩主の外務省高官宗重正は「内呈」を提出し、次のような交渉方針を提起している。

明治初年以来、朝鮮との交渉がうまくいかないのは、朝鮮の「情」にそむいていたからである。したがって、今までのように「名義条理」を先にして、「外務」の順序を追うようなことを行なえば、成功はおぼつかなく「遂に」戦争になってしまう。朝鮮の「疑団」を解くことが先決であり、そのためには朝鮮が「忌むところ」（外務省官員の朝鮮駐在や外務省官員の随行）は止めなければならない。そして、朝鮮の「請う」ところをしばらく許して、「応接」の門を開いて「朝意」を陳述し、外交は外務省が行なうことになったことを説明し、その後に外務省官員を派遣して、交際の「体式」を「講明」しても遅くはない（「三条家文書」）。国交樹立に向けて、強硬論を排した朝鮮側の「情」を配慮する提案である。

宗重正の「内呈」がどのように処理されたのか不明であるが、外務省の方針は次のようなものであった。宗氏の派遣にあたっては、使節の名義を用いず、宗氏の従来からの「縁故」をもって朝鮮に「通商」し、日朝間の「壅塞」する事情を「開通」して、「交際隣交」の道を開くことの周旋を目的とする。朝鮮がわが国の「使臣」を「礼遇」するような形勢であるならば、あらためて宗氏に「使命」を発する。

宗氏派遣は正式に決まって、四月上旬に台湾出兵後の実施が予定された。しかし、四月上〜中旬は前述のように、台湾出兵方針の転換にともない、これに反対する木戸孝允《きどたかよし》が辞表を提出し、アメリカ公使ビンガムの抗議により、四月一九日には出兵延期を余儀なくされるなど、政府は台湾問題に追われることとなり、宗氏派遣計画は大きく狂ってしまう。

森山茂の派遣

こうした事態を打開すべく、森山茂とともに朝鮮外交の実務を担ってきた外務省官員広津弘信《ひろつひろのぶ》は、五月二日に「渡韓に付上申」を寺島外務卿に提出する。ここで広津は、なかなか実施されない宗氏派遣に先立って、七三年一一月の朝鮮における「癸酉《きゆう》政変」（攘夷路線の大院君政権から閔妃《びんひ》政権への転換）後の情勢を探索すべく、森山茂の朝鮮派遣を要求する（「三条家文書」）。この上申は採用され、五月一五日に森山に派遣が命じられ、三条太政大臣の指令が与えられた。指令には、「日本船」を用いてなるべく朝鮮の「嫌疑」に触れないよう注意し、宗氏派遣の可否を「探索」せよとある（『日本外交文書』七）。

六月一四日に釜山に到着した森山は早速探索を開始して六月二一日、宗氏を派遣すれば何ぶんか「目的」を達してその「端緒」を得ることができる、と速やかな宗氏派遣を要請する。森山要求を受けた寺島外務卿は八月一〇日、三条太政大臣に宗氏派遣の決定を求めるとともに、「渡韓手続伺」「応接端緒手続案」「委任権限案」「委任状案」を送っている。宗氏派遣の目的は、「応接端緒手続案」のなかで次のように記されている。

宗氏と朝鮮との「旧誼の情好」を前面に押し立て、明治初年以来の「無用の弁論」はせずに、穏やかに維新変革の現状を「懇諭」して、国交樹立の「端緒《たんしょ》」を得るようにせよ。

図18　寺 島 宗 則

この「懇諭」によって朝鮮が日本の「好意」を少しでも了解して、「使節」が往来するようになれば、今まで朝鮮が「論難」していた「至尊称号」などのこと（前述の「皇」「勅」問題）は解消するであろう（『日本外交文書』七）。寺島外務卿の宗氏派遣論である。

寺島が森山要求に接し、宗氏派遣の実行を三条に迫った八月上旬は、大久保は台湾問題に関する交渉のため清国に向かっている頃であり、大久保にとって最大の外交課題は清国との交渉（台湾問題）であった。したがって、大久保はこの時期の朝鮮問題には直接関与することはなく、もっぱら寺島外務卿が担当していた。

国交樹立への動き

朝鮮から早急なる宗氏派遣を督促していた森山は八月二三日、宗氏派遣が困難ならば自ら交渉にあたることを寺島外務卿に申し出て「見込書」を送っている。「見込書」は交渉方針を記したものである。そこで森山は、日本からの外交文書のみ「皇勅」の文字を使用し、朝鮮からの外交文書での使用は強制しない、外交文書はまず日本と朝鮮の両国外務省長官と高官同士で取り交わす、という政府間レベルの対等交渉方式での国交樹立方針を主張している（『日本外交文書』七）。その後、森山は八月二八日に朝鮮暗行御使《あんこうぎょし》（朝鮮国王が任命する地方監察官）随行員の三名と会見し、朝鮮官員と「熟議」すること、外務省長官・高官同士の「等対の礼」を設け、「使員」を往来させることなど、国交樹立に向けて朝鮮側の意志を確認している。

こうした接触を経た八月三一日に森山は、次のような上申を寺島外務卿に送っている。朝鮮側が国交樹立に前向きな姿勢を示し、訓導（朝鮮官員）も会談に応じようとしている。したがって、宗氏派遣にはおよばず、私が「担当」して必ず「一小局」をなすことができそうです。外務省の方針である宗氏による交渉を無用とし、森山自ら交渉に乗り出すというのである。そもそも宗氏派遣の目的は、交渉の「端緒」を得ることにあったものである。したがって、朝鮮側の柔軟な態度により宗氏派遣の必要性はなくなったと言えよう。そして、森山は寺島外務卿の指令を待たずに交渉を決めてしまうのである。

九月三日、森山は朝鮮訓導の玄《ヒョン》昔運《ソグン》と会談した。明治初年以来、日本官員と朝鮮官員との最初の会談である。ここで森山は、さきの「見込書」で提起した交渉方式（外務省官員同士の外交文書交換）を訓導に示し、その回答を待つこととした。九月二八日、訓導は森山を訪ねて、森山提案を受け入れるという朝鮮政府の回答を伝えた。それは、政府間レベルの対等交渉方式での外交文書の交換であった。これに対し森山は一〇月一日、訓導に五〇日以内に日本外務省の文書をもたらすことを約束している。ここに、外務省長官同士の文書を交わした後、「修好条規」に及ぶと森山が寺島外務卿に報じたように、日朝両国は国交樹立に向けてようやく動き始めたのである。

森山の独断で開始した交渉に対し寺島外務卿は、一〇月二日に三条太政大臣に次のような伺いを出している。

森山と朝鮮訓導が「公然」と「面接」し、森山提案に朝鮮政府が回答することを確約したことは、「累年」にわたって「尋交阻塞」していた「道」が、初めて「開いた」ような「趣」である。「出張官員」によって「尋交の端緒」を得たのであるから、宗氏派遣は見合わせて朝鮮政府の回答をもって森山をいったん帰国させ、その後の事務は広津弘信に引き継がせたい（『日本外交文書』七）。この伺いは一〇月七日に許可される。

森山の交渉方針

森山が交渉経過を報告するために釜山を発ったのが一〇月六日、東京に着いたのが一〇月二四日である。そして、報告書を提出したのが一〇月二五日であり、その翌々日の二七日に太政大臣邸で岩倉と参議（大久保は不在）一同が、朝鮮問題を「評議」しているが内容は不明である（『木戸孝允日記』三）。

大久保が台湾問題について妥協の末、清国との条約に調印したのは前述のように一〇月三一日であった。台湾問題が一応の決着をみた頃とほぼ同じ時期、大久保不在のなかで朝鮮問題も解決（国交樹立）の糸口が見えてきたのである。

朝鮮との本格的な交渉を行なうことになった一二月（日は不明）、その担当者に予定されている森山茂と広津弘信は連名で、寺島外務卿に長文の「朝鮮国は何等の国と見認《みと》むべきやの議」と題する意見書を提出している（「三条家文書」）。ここで森山・広津は、今後日本に来る朝鮮使節への対応を決めなければならないとし、その前提として現存する清朝宗属関係にどのように対処すべきかを問題とする。朝鮮国を「何等の国」とみなすかとは、「独立国」なのかそれとも「半属国」なのかということであり、それは日本の「名誉利益」のみならず、将来の「進歩」に関わるものであるとする。

「半属国」（清朝宗属関係の承認）とみなすことは、清国の影響により日本が朝鮮を「開化」に導く「障碍」となり、国交を樹立しても「僅少」の商路を開くにとどまる。また、日本が朝鮮の「上国の名」を占めることになるが、それは「虚名」であり実際は清国管轄の「一地所」に帰するだけである。

一方、「独立国」とみなすことは、西洋国際法に基づくものであり、修好条約を結んで全権公使を駐留させることである。清国との宗属関係を断ち切ることにより、朝鮮が西洋諸国と戦争になるような場合には日本に「依頼」するようになり、徐々に日本が朝鮮の外交権を握るようになるであろう。

このように論じて森山・広津は、「半属国」とみなすことは将来の「進歩」が困難となる「最下の交際」であり、「独立国」とみなすことで国交を樹立すべきであり、それが将来朝鮮に日本の影響力を増大させることになると言う。清朝宗属関係断絶の主張である。しかし、その早急なる実現は朝鮮の「情」や日本国内の「大勢」を勘案すると困難であることから、現状における当面の方策を次のように提起する。

朝鮮使節の資格は問わずに明治維新の「祝賀使」として来日させ、日本の現状を「見聞」させることを主とする。その間に使者を交換して徐々に「商路」を開き、「内外の大勢」を洞察させた後に修好条約に論及する。

このように森山・広津は、将来的には国際法に準拠して清朝宗属関係を断絶させなければならないが、現状では困難なことから当面は宗属関係を温存することによって、国交樹立を図ることを提起したのである。

清朝宗属関係の温存

森山茂は一二月二八日、理事官として朝鮮国派遣を命じられ、翌七五年一月には広津弘信が副官に任じられている。七五年一月（日は不明）、寺島外務卿は前述の森山・広津の一二月意見書を三条太政大臣に提出し、そこでは朝鮮を「独立国」とみなすべきであるという意見を付していた。しかし、寺島はその後の一月一八日、三条宛伺いで次のように言う。

これまでの徳川氏との交際体裁と清国との「関係の義」を「熟考」するならば、直ちに「独立」なのか「半属」なのかと確定することは非常に難しい。したがって、宗属関係に抵触しない政府間レベルの対等交渉論によって、外交文書を交換すべきである（『日本外交文書』八）。

外務省としても、清朝宗属関係を早急に打破することにまで、踏み込むことはできなかったのである。

清朝宗属関係を温存せざるを得ないことから寺島外務卿は一月三一日、森山に与えるべく「応接心得方指令案」を三条太政大臣に送って裁可を求めている。そこには、朝鮮側が「独立」もしくは清国の「藩属」と称えたならば、どちらの場合も政府に上申して指令を待て。朝鮮側が「独立」も「清属」も論ぜず、朝鮮国王と太政大臣もしくは外務省長官同士の間での国交を結びたい、ということを申し出てきたならば、その意を了承する趣をもって返答せよ、と記されていた（『三条家文書』）。

指令案は裁可され、二月二日に三条太政大臣から森山に与えられた。宗属関係には触れずに国交樹立を図ろうとする方針である。そして、同日には寺島外務卿から森山へ「委任状」と「心得方」も渡された。前者には、日本と朝鮮と「善隣の誼」を表すのが任務であり、後者には来訪を要請する朝鮮使節は「旧尋講新」のためである、とそれぞれ記されている。寺島は、清朝宗属関係を温存するなかで森山に国交樹立を賭けたのである。

ところで、森山と広津は朝鮮との交渉は、必ずしも順調に進むとは限らないと考えていた。一月二三日、両名は三条太政大臣に意見書を提出し、朝鮮の「変詐」は測ることができず、とても文明国と「同視」することはできず、もしも「朝三暮四」によって我々を「因滞」させるようなことがあったならば、政府は「声援」をなして「保護」を加えて欲しいと訴えている（「三条家文書」）。「声援」とは当然、軍艦派遣による威圧的軍事行動である。しかし、この時政府はこうした要求に対し、具体的な指示を与えることはなかった。

森山の交渉が決定した朝鮮問題について、大久保が直接関与した形跡はみられない。大久保は北京から七四年一一月二七日に東京に戻ってきたが、一二月二四日には木戸との会談（大阪会議）のため東京を離れ、大阪から帰ってきたのは翌七五年二月一八日であった。この間、大久保の主要な関心は内政問題（琉球問題を含む）にあった。換言するならば、朝鮮問題はこの時期政府内部において、大きな比重を占めるものではなかったのである。

森山交渉の開始

二月二四日に釜山《ふざん》に到着した森山・広津は、早速朝鮮訓導との交渉を開始し、三月三日に外務省文書を手渡した。文書は日本文であり、「大日本」「皇上」という字句が使われていた。朝鮮側は、森山との会見の饗宴を設けて文書を提示させ、その内容を検討して旧格に反するならば非難し、森山が修正に応じれば受理して国交復旧の道を講じる、という方針に決した。しかし朝鮮側は、三月二七日に会見饗宴における洋装と会場の正門通行（どちらも前例がなかった）という森山の要求に難色を示し、三月三一日には外務省文書における日本文使用などを非難し、交渉の入り口で暗礁に乗り上げることになった（田保橋潔『近代日鮮関係の研究』上）。

そこで、森山は四月一日、情勢報告のために広津を帰国させるとともに、「声援」という軍事的威圧策を寺島外務卿に要求する。また、帰国した広津も四月二三日に建議を提出し、森山が要請した「声援の事」は今が好機会であり、「間髪を容れざる」時であるから、「海路を測量」するとして「軍艦」一～二隻の派遣という「英断」を「切願」している（『日本外交文書』八）。

こうした要請を受けた外務省は、四月二九日に次のような指令を森山に与えている。朝鮮側が接見延期を申し出てきて、それが「情理」に背かないならば受け入れること。朝鮮側が国交樹立に向けた「有権」の使節派遣に難色を示したならば、明治維新を祝賀する使節であってもとにかく来日させること。もし、祝賀使の派遣も拒むようならば、さらに日本から使節を派遣すること。こうした方針で「談判」せよ（『日本外交文書』八）。

穏和的・妥協的方針の指令である。

なお、海軍次官川村純義《かわむらすみよし》は五月四日、対馬から朝鮮への「海路研究」を目的として、軍艦二隻（雲揚《うんよう》・第二丁卯《ていぼう》）を派遣することを三条太政大臣に届け出ている。森山・広津の「声援」要請に応える軍艦派遣であるが、交渉担当者の森山への外務省指令にみられるように、政府の基本方針は強硬策を避けた穏和的・妥協的なものであった。

妥協的方針を指示された森山であったが、洋装問題では非妥協的態度を貫き交渉は「紛糾」する。日本の服制を論難するのは、日本の制度に「干与」することであり、それは日本の国家主権を侵すことであり、断じて認めることはできない、というのが森山の主張である。交渉の入り口で強硬策をとった森山は、交渉内容について日本側の「大日本」という呼称と朝鮮側の清年号の使用について外務省に問い合わせている。

この二つの問題に対して寺島外務卿は六月（日不明）、次のような指令案を作成する。「大」の文字は、朝鮮が強いて「嫌悪」するならば用いなくてもよい。清国年号の使用は、清の「藩属」となり「自主独立の国」でなくなって、日本と「並行対頭」の礼をとることができなくなるという「理」を了解させよ。朝鮮は、この「理」を悟れば清年号の使用を求めないであろうが、それでも使用を主張するならば認めてもよい（『日本外交文書』八）。

「大日本」呼称と清年号使用について、政府は妥協的方針であった。

江華島事件

妥協的方針でも捗らない交渉の実情を「尋問」するため、「海路研究」を目的とする日本の軍艦雲揚が釜山に入港したのが五月二五日で

森山交渉の決裂

ある。森山茂らの要請に海軍が応えた軍事的威圧策であり、森山も朝鮮の「黠策《かつさく》（わるがしこい策）」を「撃破」するものと期待している。さらに、六月一二日には軍艦第二丁卯も釜山に入港した。しかし、朝鮮の対応は変わらずに六月二四日、朝鮮訓導は森山に会見の饗宴は「新服（洋服）」では「断然」許可しない、という朝鮮政府の決定を伝えた。この報に接した森山は、七月二日に交渉決裂と捉えて帰国を決意し、指令を仰ぐために広津を先に帰国させた。

帰国した広津弘信は、朝鮮の強硬的態度の背景には清国の動向があるとして、七月一四日に閣議の参考として「清韓関係見込」を書いて、次のように主張する。

昨年九月外務卿の文書を送れば朝鮮はこれに応える使節を派遣することに同意し、「新盟条約」が結ばれるような「期」に至ったので、今年に入り理事官森山が赴いた。ところが、朝鮮は会見を遷延しついには日本の「服色」に「異難」を起こし、あまつさえ日本の制度上に「可否の嘴《くちばし》」を入れ、理事官の会見を拒否して昨年の約束を踏みにじった。朝鮮は、何故このように態度を変えたのであろうか。交渉中に朝鮮側が清国年号の使用や大日本の「大」の文字を問題視したことは、「近年」清国と「協議」したからではないのか。昨年は日本を「懼《おそ》れ」て「客」し、今年は「侮《あなど》り」て拒む原因は、清国との関連があると思われる。こうして国交樹立が不可能になったばかりでなく、日本を「軽蔑」する様子が増し、清国に依頼する「情」はますます堅くなっている（「岩倉具視関係文書」）。

このように、広津が朝鮮硬化の原因を清国との宗属関係に求めたことは、朝鮮にいる森山にあっても同様である。森山は七月一六日、寺島宗則外務卿に速やかなる朝鮮からの退去命令を要請するが、そこでは朝鮮が清国への「依頼心」を結んで日本に「背反」を起こすのではないかと述べている。

清朝宗属関係を重視する広津は、今後の方針について七月二〇日に意見書を岩倉具視右大臣に提出する。ここで広津は、三項目を挙げて政府の指令を仰いでいる。

広津弘信の提言

第一は、理事官（森山）の退去、第二は不退去、第三は退去・不退去に関わらず清国に照会することである。第一で退去後は軍人（陸海軍大佐）を派遣して交渉の「端」を開く、という軍事力を前面に押し立てる方策を提起しているが、主意は清国への照会を優先すべきであるという第三にある。その第三で次のように言う。今後の日朝関係を論ずるにあたっては、清国と朝鮮両国が互いに「依頼庇護」する「厚薄深浅」をはかる必要がある。そのためには朝鮮との交渉について、清国へ照会することが最も「緊要」となる。この照会によって清国は必ず朝鮮に働きかけるので、その時の朝鮮の「挙動如何」を察するのである。これによって清朝両国の「内情」を知り、今後の朝鮮に対する「寛猛緩急」を謀るようにすれば「誤策」の憂いはなかろう（「岩倉具視関係文書」）。

朝鮮との交渉実務を担当していた森山・広津は、今後の朝鮮政策の策定にあたって、清朝宗属関係を考慮に入れる必要性を強調し、具体的には朝鮮問題を清国に照会することを訴えていたのである。

こうした要求に対し、政府は敏速に対応しなかった。しびれを切らした広津は森山との連名で八月一八日、寺島外務卿に方針確定を要請する上申書を提出し、次のように述べる。過日「反復熟考」の方策を提案したところ、今朝「示教」があった。しかし、それは少し「支吾《しご》（くいちがう）」するところがあるので、閣議で直接「愚考」を述べたい。それは、将来「遺憾」のないよう議論を尽くしていただきたいからである（『日本外交文書』八）。

この上申によれば、広津らは寺島外務卿の「示教」（方針）に異を唱えているのである。「示教」の具体的内容は不明であるが、森山・広津が要求する清国への照会には消極的だったのであろう。また、朝鮮にいる森山は九月三日、在留か退去かいずれにしても、従来からの主張である「背反の事誼」を朝鮮に突きつけるという強硬策を要求するが、寺島外務卿は同日退去命令のみ発している。政府は、森山に交渉決裂による帰国命令を出すのみで、清国への働きかけや朝鮮に対する強硬策など具体策を打ち出したわけではない。森山交渉の頓挫後政府は、朝鮮政策について明確なる展望を持てなくなり、日朝国交交渉は再び停滞することになる。大久保にあってもこの時期、朝鮮政策に関する史料は見出せない。

こうした状況下で前対馬藩主の外務省高官宗重正は、自ら交渉の任にあたることを申し出る。一年前に見送られた宗氏派遣論の再提言である。宗重正は宛先不明の「内呈」で次のように言う。

昨年の内命のように使節の名義を用いずに朝鮮に渡り、「文字」やその他「枝葉の論」はしばらくおいて、朝鮮の要求で可能なものは受け容れて「尋盟の実」をあげ、その後に「官吏」（使節）を派遣して国交樹立をはかることは「恥」ではない（「三条家文書」）。しかし、政府が再度宗氏派遣策を採用することはなかった。

軍艦雲揚艦長井上良馨

前にみたように「海路研究」を名目に軍艦雲揚が釜山に入港したのは五月二五日であった。そして、朝鮮半島東海岸の航路を終えて釜山に戻ったのが六月二九日、長崎に帰ったのは七月一日であった。そして、艦長井上良《いのうえよし》馨《か》は七月中（日は不明）に報告書を提出している。この報告書には、のちに江華島事件を引き起こす井上の朝鮮観がよく表れているので、少し長くなるが詳しくみていこう。

釜山に戻り理事官森山から、朝鮮との「応接」が「手切れ」に及んだ事情を聞いた。朝鮮という国は「無信」で「失礼」なることは言語に絶えない。これまでもしばしば「我が国使」を斥けてきたが、このたびは「我が服制」に「嘴《くちばし》」を入れ、「言語誹謗」にわたって「相接」を拒むに至った。「相接」を拒むということは、すなわち「我が国」を斥けることを意味する。このような「失礼」な国をそのままにしておくことは、日本の「国威」に関わることなので「討たざる」を得ない。「推考」するに朝鮮は数百年来、「不開化」の習俗であって実に「頑愚」である。したがって、「理」をもって「責め」ても「益」はなく、ただ「兵」をもって攻める他ない。

また、朝鮮は日本にとって「要用」の地である。もし、他国が攻めるならば「一朝」にしてその「有」となってしまう。他国の「有」となっては、「我が国」の「伸頭」は難しい。朝鮮を「我が有」とするならば、ますます「国礎」を強くして世界に「飛雄」する「階梯《かいてい》」となる。このたびの交渉決裂は、朝鮮を攻める「名義」として十分であり、実に「好機会」である。もし、この機会を外して討たなかったら、のちに「悔いる」ことになろう。朝鮮は決して「強盛」な国ではない。私が「親しく」見たところ、東海岸には「兵備」はない。西海岸に「少々」あるといっても、「古来の筒」であってたいしたことはない。したがって、昨年の台湾出兵よりも「手軽」にして「入費」も少なく実行できる。このような好機会を「洞察」して、ぜひ早々の「出兵」を行なうことを希望する。六月三〇日に釜山を出艦し、七月一日に長崎に着いている。日夜「出兵」の指令を待つのみである。

このように雲揚艦長井上良馨は、軍事力で朝鮮領有を目論む文字通りの征韓論を懐いて、朝鮮との戦争を渇望していた人物なのである。

図19　軍艦雲揚（海軍文庫編『大日本帝国軍艦帖』海軍文庫，1894年より）

江華島での砲撃事件

井上良馨に再び「海路研究」の指令が出されて、雲揚が長崎を出港したのは、森山茂に帰国命令が発せられた後の九月一二日であった。井上が九月二九日に提出した報告書によれば、江華島での戦闘は次のようなものであった。

九月二〇日、「測量」と「諸事検捜」および朝鮮官員と面会して「万事尋問」するため、井上らが雲揚からボートを下ろして江華島に向かった。江華島南端の第三砲台（草芝鎮）に接近したところ、ボートを「目的」として「突然」、砲台の「大小砲」が雨を注ぐように「乱射」してきた。やむを得ず「小銃」で応戦したが、何ぶん朝鮮側は「多人数」で「大小砲」の「乱射」が一層「激烈」なことから、「競撃」しても「益」なしと判断して、ひとまず雲揚に帰り着いた。「無事」である。このように二〇日は、人的損害はなかった。

翌二一日の午前八時、国旗を掲げて艦長井上が「戦争」を起こす理由を、乗組員一同に次のように申し渡す。昨日ボートに対して第三砲台から、「一応の尋問」もなく「発砲」してきた。このまま捨て置いていたならば日本の「国辱」となり、軍艦の職務を欠くことになるので、その「罪」を「攻める」のである。一同職務を奉じて、「国威」を落とさないように「勉励」せよ。

雲揚は「戦争用意」をして抜錨し一〇時四二分、第三砲台に向けて砲撃を開始すると朝鮮側も応戦し、それより「戦争」互いに「交撃」することになった。砲台を二ヵ所破壊して、陸戦を「企望」したが、「遠浅」で「深泥」で上陸しても「利」がないと思い、一二時四〇分に「戦」を止め、第二砲台（項山島）近くに進んだ。午後二時四〇分、同砲台に上陸して焼き払い六時五分に抜錨した。

翌二二日、「戦争用意」をして第一砲台（永宗島）に向かい、七時一八分に砲撃を始めたが反撃はなかった。そこで、砲台の「城郭」前に錨を降ろして「陸戦」の用意をし、ボート二艘に分乗した二二名の陸戦部隊を送り込んだ。砲台から「発砲」があったので応

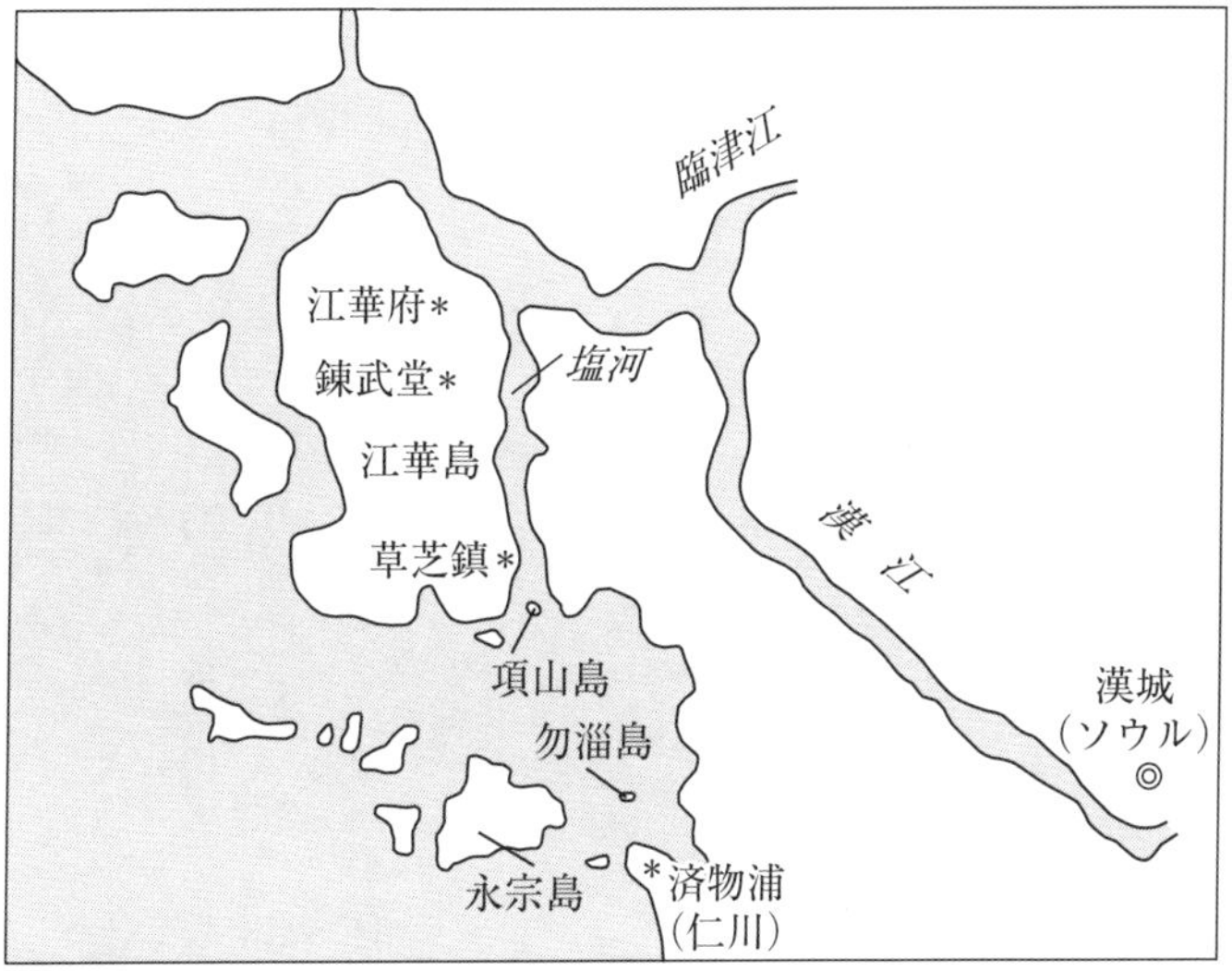

図20　江華島周辺図（北原スマ子「江華条約の締結」趙景達編『近代日朝関係史』有志舎，2012年より）

戦しながら上陸し、放火すると「数百名」の朝鮮兵が「逃走」した。「追撃」して「鏖殺《おうさつ》（皆殺し）」することは「易い」が、「愍然《びんぜん》（かわいそう）」なので逃げる者は見のがし、八時二〇分に「退軍」した。戦闘での死者は朝鮮側三五名余り、日本側一名であった。戦闘後山頂に国旗を翻し、雲揚からも上陸させて武器・旗・軍服・兵書・楽器などを奪い取り、「城」を焼き払った。一〇時三〇分、全員が雲揚に帰って「ランプ」を点灯し、「酒宴」を開き「勝利」を祝い戦死者の「霊魂」を慰めるため、「分補った」楽器を奏で就寝したのは翌日午前二時であった。

翌二三日に再上陸して残った「大砲」を積み込み、二四日に飲料水を積んで雲揚が長崎に帰ったのは二八日である。征韓論者である雲揚艦長井上良馨の一方的な軍事力行使であり、紛れもない征韓論の実行であった。

事件の対応　以上がいわゆる江華島事件であるが、三条実美太政大臣が九月二九日の岩倉宛手紙で「朝鮮一件意外の事」と述べているように、政府首脳部の関与していない「戦争」であった。しかし、「偶発的事件」（亀掛川博正「江華島事件と「日本側挑発説」批判」）とみなすことはできない。それは、領海侵犯への朝鮮側の「発砲」に対する、日本の報復としての軍事行動であり、艦長井上良馨が待ち望んでいた「戦争」であった。元老院議官佐佐木高行《ささきたかゆき》は、この事件について次のように記している。

今般の事件も必ず吾れより求めたりと思うなり……艦長井上氏出帆の前、彼より万一発砲すれば幸と、密に同志に咄《はなし》して出で行きたることは、武士官より親しく聞く処なり。兎角士官達は国家の大事を思慮せず、自分々々の栄名を貪ることなり、又勢い窮る藩士等の為に、余儀なく暴挙をなす事、今に初めぬ事にて、実に憂うべきこと也

（『保古飛呂比』六）

強硬な征韓論者である井上は、朝鮮側の「発砲」を「幸」と期待して江華島に接近しているのである。まさしく、井上による「吾れより求めた」挑発的行動にほかならない。しかし、外国への説明では自衛の戦闘行為であったことが強調される。寺島外務卿は一〇月九日、イギリス公使パークスに次のように述べている。

雲揚は「飲料の水」を得るためにボートを降ろし、近づいたところ砲台の「大小砲」が「襲撃」してきたので、これに応じて「発砲攻撃」したものである。

そして、一〇月一七日にはオーストリア・ロシア・フランス・イタリア・ドイツ・イギリスの各公使に次のような文書を送っている。

雲揚が朝鮮国「辺海」を運航していたところ、朝鮮から「発砲」してきたので「取り敢えず」応戦し、砲台を「乗っ取って」殺傷し「分取り」などを行なった（『日本外交文書』八）。

事件を報ずる長崎県長官宮川房之《みやがわふさゆき》の電報が政府に届いたのは、九月二八日である。翌二九日に早速閣議が開かれ、当面の措置として朝鮮在住の「人民保護」のため、軍艦一隻を釜山に派遣することが決定された。

図21　木戸孝允

木戸の使節派遣論

江華島事件は、停滞していた日朝国交交渉を動かすキッカケとなった。同事件に対して、最も積極的に反応したのが木戸孝允である。木戸は九月二九日、井上馨《いのうえかおる》・山県有朋《やまがたありとも》・大久保利通・伊藤博文《いとうひろぶみ》に「意見」を述べている。「意見」とは、同日付の伊藤宛手紙によれば清国と朝鮮への使節派遣であり、木戸自ら使節となることである。木戸使節は当初、大久保の同意が得られなかったが、伊藤や井上の説得により、大久保も一〇月一日に同意する。そして、三日に木戸は大久保・伊藤・井上に重ねて「意見」を述べ、三者が「了承」して木戸使節が内定した。その後の五日、木戸は使節派遣の意見書を三条太政大臣に提出する。

木戸意見書の要点は次のようになる。

第一は、民間の征韓論が沸騰する前に政府の方針を確定すべきであること。第二は、戦争回避を基本方針として、清朝宗属関係のなかで解決をはかること、具体的には朝鮮よりもまず清国に使節を派遣し、清国から朝鮮に謝罪させること。第三は、清国が仲介に同意しないならば、朝鮮に使節を派遣して直接謝罪を求めること。第四は、朝鮮が謝罪を拒否すれば戦争となるが、その場合は周到なる準備が必要であること（『松菊木戸公伝』下）。

木戸が問題としたのは、民間における征韓論の高揚による日朝戦争である。そして、戦争回避の立場から朝鮮に対して謝罪を要求するものであり、そのための使節派遣要求である。朝鮮との国交樹立を直接の要求事項として掲げているわけではない。その意味で、木戸意見書が後の国交樹立を図る黒田清隆《くろだきよたか》使節に連なるもの、と理解してきた通説には疑問が生じるのである。

なお、木戸は九月二九日の井上馨宛手紙で、江華島事件を「我より戦を求め候勢い」と述べているように、雲揚（井上良馨）の挑発的行為とみなしている。それだからこそ、征韓論の再燃が陸海軍を突き動かすことを警戒しての使節派遣論であった。

清国への使節派遣を優先させることは避戦論の立場からである。元老院議官佐佐木高行も同様の考えを次のように記している。「猥《みだり》に戦争」は好まない。よって速やかに清国へ「使節を立てて談判の手続き」をすべし。朝鮮は清国の「附属国の如き事」であり、すでに朝鮮から清国へ「役人」も「出張」しているようであり、清国においては朝鮮の「情実」に通じているので、清国への使節派遣は「然るべく」と思う（『保古飛呂比』六）。

大久保の対応

木戸の提案は基本的に政府内の合意を得たものの、一〇月二四日に大久保が木戸に、朝鮮事件についての「着手順序」は、なにとぞ速やかに取り決めていただきたい、と要請しているように、具体的な「着手順序」は決まらなかった。大久保は、三条太政大臣に「目的」についての「愚意」を一〇月二三日に披歴し、「愚存」を一〇月二八日に「詳細申上」げ、伊藤がこれに同意したのが翌二九日である。この間、一〇月二七日の三条邸での閣議は江華島事件を「不問」に置くことはできない、と木戸意見書の要点である朝鮮への謝罪要求を決定している。

大久保の「愚意」「愚存」を明確に示す史料は見当たらないが、それに関わるものとして「岩倉公に呈せし覚書」と題する文書がある。そして、その八項目の一つに「軍国の政を施布」する、と戦争準備の必要性を掲げる項目がある。しかし、それは無闇な開戦論である征韓論ではなく、大久保にあっても根底は避戦論である。台湾出兵時と同じように、戦争準備をしているから開戦意図があった、と即断することはできない。最悪の場合を想定するのは政治家の務めである。

大久保は、朝鮮政策の「不伐の根軸」を確定して、「衆説」にかかわらず「勢い」に動ぜず、「方略」を一定する重要性を強調しているのであり、戦争準備はそのなかでの想定である。そして、陸海軍の「方向を一にし」て士官以下兵士に至るまで、政府の命令を「遵奉」させて「上」を凌ぎ「衆」を動かし「粗暴の挙」がないような速やかな「処分の事」、という一項目を設けて陸海軍の暴走を抑え込むことに意を注いでいたのである。

また、使節の「談判を要し問罪の師を差し向ける」、と「問罪」の軍隊出動を記している。しかし、これも朝鮮が友好的態度をとるかどうかを見極めるためであり、さらには朝鮮の領有を意図するのか、朝鮮の「開化」を誘導するものなのか、という朝鮮政策の「大目的」を確定することに主眼がある、という文脈のなかでの記述である。大久保自身の見解（意図）として、朝鮮領有論を示しているものではない。

朝鮮政府の動き

江華島事件に対して朝鮮政府は、どのような動きを示したのであろうか。朝鮮側の史料も用いている北原スマ子「江華条約の締結」（趙景達編『近代日朝関係史』）に依拠して概観しておこう。

国籍不明の「異様船」が江華島周辺に近づいている、との情報が朝鮮政府に届いたのは九月二一日であった。二三日には、「異様船」が江華島砲台を攻撃したという報告が入ったが、未だ船の国籍は不明であった。二四〜五日にかけて、砲台の被害状況（死傷者も含む）が明らかとなり、朝鮮政府は現地の責任者を処罰するとともに死者を弔っている。そして、この頃「異様船」が日本軍艦であることが判明したようである。

ところで、軍艦一隻で江華島の砲台が占拠されるほど、朝鮮の防衛力が低下していたのはなぜなのだろうか。理由として挙げられているのが、財政難による国防費の問題である。当時、朝鮮国内には大量の清銭が流通していたが、おりからの物価高騰の原因としてこの清銭流通が考えられ、廃止することにした。この清銭使用不可という措置によって、財政難が生じたのである。限りある軍事費は主に王宮警備に投入され、国防を担う江華島砲台にまで回らなくなっていたのである。財政難による国防軍事費の増強が困難な状況下、江華島事件後の一〇月下旬には日本軍艦が釜山に入港し、居留民保護を名目に示威行動を展開することになる。

砲撃事件から三ヵ月ほど経った一二月中旬、朝鮮政府は対日方針を転換する。一二月一二日、すでに森山茂が渡していた外務省文書の受理を決定する。そこにおける新たな方針は、次のようなものである。今までは日本の外交文書を、使用されている字句（「皇」「勅」）を問題として斥けてきた。しかしながら、それらは日本の「自尊の称」にすぎないのであって、朝鮮にとって「損失」があるわけではない。したがって、まず外交文書を受け取って、回答するにあたって斥けるものがあれば斥ければよい。

朝鮮政府の外交文書受理という方針が、日本側に伝えられたのは一二月二二日であった。後述するように、一二月下旬はすでに朝鮮への全権使節団（団長黒田清隆）派遣を、日本政府が決定していた時期であった。使節団の「先報」として一二月一七日に釜山に到着した外務省官員広津弘信は、国交交渉のため黒田使節団が江華府に向かうという情報を朝鮮政府に伝えた。この情報を得た朝鮮政府は広津への伝言というかたちで、外交文書受理を条件として、全権使節団の中止を求めるという意向を伝えたのである。しかし、この申し出によって黒田使節団派遣が中止されることはなかった。

日朝修好条規の調印

朝鮮使節派遣の決定

一八七五年（明治八）一一月一日、三条実美太政大臣邸での閣議で朝鮮問題の「着手順序」が議題となり、朝鮮「使節」と清国への「人員」派遣が決定した。大久保利通は朝鮮使節について、四日に山県有朋・川村純義という陸海軍首脳部と、翌五日には三条とそれぞれ相談している。朝鮮使節は木戸孝允に内定していたことから、清国へ派遣する「人員」として外務省官員森有礼《もりありのり》が選ばれる。一一月八日に大久保は森を訪ね「朝鮮事件」について清国行きのことを話し合い、森は一〇日に特命全権駐清公使に任命される。

木戸が主張した清朝宗属関係の重視による、清国との交渉優先策としての公使派遣のようである。ところで、一〇月の木戸意見書によれば、まず清国と交渉し宗主国としての責任を問い、清国の返答（朝鮮に対する仲介の拒否）を得てから、朝鮮に使節を派遣して謝罪を求めることになっていた。しかしながら、森公使が北京に向け東京を発つのが一一月二四日、清国との交渉を始めるのが翌七六年一月一〇日であり、後述のように朝鮮使節（黒田清隆使節）が品川を発ったのは同年一月六日である。このように、清国との交渉を始める前に朝鮮使節が派遣されていることから、木戸意見書の方針は変更されているのである。いつ頃変更されたのであろうか。

清国臨時代理公使鄭永寧は一一月四日、すでに一〇月一二日に江華島事件を清国政府に通知した旨を寺島宗則外務卿に報告している。この報告に対し寺島は一一月一五日、鄭《てい》永《えい》寧《ねい》臨時代理公使に次のような訓令を送っている。朝鮮と清国との「関係」の有無について、未だ朝鮮が清国の「藩属」であることが「確乎」として認められないので、朝鮮との事件はもとより清国には「相関わらない」ものとみなす。したがって、清国より「問及」がないならば日本から「報明」することはない（『日本外交文書』八）。

この訓令によれば一一月一五日には、江華島事件の処理は清国とは「相関わらない」ものの、すなわち朝鮮を独立国家とみなして、朝鮮との直接交渉に乗り出すことにしている。

一〇月下旬から一一月上旬、木戸意見書の方針（清朝宗属関係重視からの清国交渉優先論）は変更されたのであるが、残念ながらその経緯は不明と言わざるを得ない。そして、一一月二〇日に寺島外務卿から森公使へ出された指令には、清国に仲介を求めるのではなく、江華島事件について朝鮮へ使節を派遣することを「報知」し、その「趣意」を清国に説明せよ、と記されているのみである（『日本外交文書』八）。

朝鮮使節の任務

それでは、方針が変更された後の朝鮮使節の任務は、どのようなものであったのであろうか。まず、前述の森公使に与えられた一一月二〇日付外務卿指令は次のように言っている。森山交渉拒絶と江華島事件を理由とする朝鮮への使節派遣であり、その任務は「一面は」江華島事件で被った「暴害」の補償を求め、「一面は」ますます「懇親」を表して「旧交」を続けることを欲す。江華島事件の謝罪・補償と国交樹立の要求である。木戸意見書では直接触れられていなかった、国交樹立要求がここで打ち出されているのである。

江華島事件の謝罪・補償とともに国交樹立要求を説いていたのは、法律顧問ボアソナードである。朝鮮使節の任務について諮問を受けたボアソナードは、次のような意見書を起草している（起草時期は木戸意見書提出前の九月三〇日頃とされているが、内容からみて朝鮮使節派遣が決定した一一月一日から同月下旬頃と思われる)。

使節の「職務」は二つある。一つは朝鮮が行なった「凌辱」の補償を求めることであり、もう一つは宗氏以来の「旧交」を継ぐことである。そして、交渉においては初めに補償の要求を、次いで国交を要求して国交樹立という「大節目」に応じれば、軍艦雲揚の「報償は調和」しやすいということを理解させる。したがって、使節は将来の「和交」を棄てることはないという「意」を示しつつ、まず「報償」を求めるべきである(『日韓外交資料集成』一)。

このようにボアソナードは、補償要求を国交樹立実現のための交渉手段として位置づけている。謝罪要求を第一とする木戸意見書とは、さらには二大要求を並列的に掲げる森宛一一月二〇日外務卿指令とも異なるものである。ボアソナード意見は、実際の黒田使節の任務に反映されることになる(後述)。

それでは、森宛外務卿指令は誰の意見を基にして作成されたのであろうか。推定できるものとして、一一月四日の森山茂・広津弘信連名の外務卿宛上申がある。朝鮮外交の実務を担当し、七月初めに決裂するまで朝鮮政府と交渉していた森山は、江華島事件後の一〇月一日に朝鮮の内情探索のため釜山に派遣され、「情状」報告のため一一月三日に帰国した。その翌四日、広津との連名で上申したものである。

この上申は、江華島事件の「妄発」のみならず、森山交渉拒絶という「背約」も「罪」として問うべきである、と主張する。そして、朝鮮に派遣する「大使」の任務は、両「罪」の謝罪を要求するとともに、両国の「親睦」を「敦く」して条約締結の要求をつきつけることであるとする（『日本外交文書』八）。謝罪と国交樹立の要求という、森宛指令の骨子が含まれている（交渉拒絶の「背約」謝罪要求は、取り入れられていない）。また、この上申は「大使」派遣に先立ち「先報使」（「大使」派遣の予告）として、外務省官員を釜山に遣わすことも提起する。これは採用されて一一月二五日、広津弘信に「先報」としての朝鮮派遣の命が出され、前述のように広津は一二月一七日に釜山に着いている。

森有礼の批判

一一月二〇日付外務卿指令を受けた森は二二日、謝罪と国交樹立の要求という方針は、政府の「自害の政術」であって「拙策の暴拙」であると激しく批判する。実はこの指令が出される前の一四日、森は朝鮮との交渉方針を次のように提起していたのである。朝鮮を「独立国」と認める立場で交渉すべきである。したがって、朝鮮に要求する具体的事項は、海難防止のための沿海測量の許可、必要物資の獲得と漂流民保護のための二港開港の二項目で十分である。国交樹立要求と江華島事件謝罪要求は、「副言」として「主意」とすべきではない。

さらに、森山交渉拒絶と江華島事件を「名義」とする使節を派遣してはならない。朝鮮は「独立国」であるから国交を拒否する権利があり、江華島事件は「暴」に対する「暴」によりおこったもので、ともに「公法」上からみれば朝鮮側にのみ非がある、とみなすことはできないからである。この「条理」を無視して、「妄《みだ》りに」朝鮮に「事」をおこすのは「自棄自害」の政策である（田保橋潔『近代日鮮関係の研究』上）。

図22　森　有礼

森は国際法（「公法」）の観点から、国交樹立と江華島事件謝罪の両要求を批判していたのである。したがって、この両者を含む外務卿指令に猛然と批判を浴びせたのであった。森批判は二二日の閣議で「評議」されている。森が北京に向けて東京を発った一一月二四日、岩倉具視が大久保宛手紙で「朝鮮着手順序、森議論実に尤も」なので、くれぐれも「賢考」して欲しいと申し入れている。森の批判（主張）は受け入れられたのであろうか。

翌七六年一月五日に北京に着いた森は、早速イギリス公使ウェードと面会した。ここで森はウェードに対して朝鮮使節の任務・目的は、江華島付近「一所」の開港、「沿海測量」の許可、日本の「国書」受理（国交樹立）という三項目が「主意」であると述べた、という旨を政府に一月一三日に報告している（『日本外交文書』九）。このウェードへの説明によれば、森が批判した二点のうち、国交樹立は残されたが江華島事件謝罪は、朝鮮使節の「主意」に含まれていないのである。

森の独断で外務卿指令を修正することはできないので、森批判によって一部変更（謝罪要求の取り下げ）されたようである（詳細は不明）。ところが、こうした方針も再度修正されることになる。朝鮮使節の任務は、当初の方針から二転三転して決定するのである。

黒田清隆特命全権弁理大臣

朝鮮使節に名乗りをあげていた木戸孝允は、一一月二〇日に持病（「脳痛」と左足の麻痺）が悪化して歩行困難となった。そこで使節として、特命全権弁理大臣に黒田清隆が、副使に井上馨がそれぞれ任命された。どちらも、大久保の推薦である。そして、使節の任務について大久保は一一月三〇日、木戸に次のような手紙を送っている。使節に渡す「訓状」を伊藤博文に「取調べ」させていたところ、「明日」にも出来あがるようなので、「一覧」して「御考慮」いただきたい。また、伊藤も同日木戸に手紙を送り、なるたけ「細かに」決めたく「両三日来」とりかかってきたので、出来ましたら「御一覧」してほしいと述べ（『木戸孝允関係文書』二）、一二月二日に木戸を訪ねて「訓状」について相談している。

このように、使節の任務は最終的には一一月末に伊藤が立案し、大久保と木戸の協議によって一二月上旬には決定され、一二月二七日に黒田へ「訓条」「内諭」として与えられている。

図23　黒田清隆

「訓条」には、まず江華島事件に対する相当なる「賠償」要求が掲げられ、謝罪・補償が復活している（第一項目）。しかし、それは絶対的要求となっているものではない。黒田使節の任務は、日朝「対等の礼」による「和約」を結ぶことを「主」とすることであり、朝鮮側が国交樹立と貿易を認めるならば、それを軍艦雲揚の「賠償」とみなして「承諾」することとしている（第三項目）。あくまでも平和的な国交樹立を最大目的としており、江華島事件問題は国交と通商を実現するための交渉手段として位置づけられている。こうした位置づけは、前述のボソナード意見書にみられていたものであった。

一〇月の木戸意見書は、江華島事件の謝罪を第一義としており、「訓条」では木戸意見書は修正されたのであった。木戸は一一月下旬以降病床にあって、一二月一三日の吉富簡《よしとみかん》一《いち》宛手紙で次のように述べている。「寒冷」にて左足がますます「不自由」で、「あたま」も「あしく」誠に「困却」している。朝鮮問題もいよいよ閣議で決定したようであるが、「小生」は「不快」につき「巨細」のことは承っていない（『木戸孝允文書』六）。木戸は体調不良により、「訓条」の「巨細」については関与できなくなっている。最終的には伊藤・大久保により決定されたようである。

交渉手段であれ、最終的に江華島事件の謝罪要求が復活したのはなぜなのだろうか。それは、征韓論を主張する士族対策であると考えられる。とくにこの時期には、政府を批判して左大臣を辞職した島津久光《しまづひさみつ》の言動が問題となっていた。

征韓論に対する危機感から、いち早く朝鮮への謝罪要求を打ち出し、「訓条」の作成に関与した木戸孝允は一二月七日の日記に次のように書きつけている。朝鮮江華島の「暴発」は、「困難」を生じさせ今日まで続いている。左大臣（島津久光）の建白には、政府を「一変」して朝鮮への「外征」に及ぶべしとある。「兵隊士族」は皆これに「雷同」するような「勢い」がすでに「顕然」としている。政府として「一定の目的」を立てないと「四分五烈」となる（『木戸孝允日記』三）。

島津久光は一〇月一九日、三条太政大臣の失政を列挙して、三条の免職を要求する上奏文を提出していた。政府が「一和」しなければ、朝鮮問題への対応は「当を失う」ことになる。早く「廟議《びょうぎ》（政府の方針）」を一致させ、「外征」を図るべきである（『島津久光公実記』三）。上奏文の主張である。

木戸は、上奏文が出された五日後の一〇月二四日、槇村正直《まきむらまさなお》宛手紙で島津が「征韓論」を主張して、大いに「征韓家」を抱き込んで「征韓」の実行を「扇動」している、と警戒心を述べていたのである（『木戸孝允文書』六）。島津久光は、要求が受け入れられないことから一〇月二七日に辞職している。

避戦の立場

次いで「訓条」には、朝鮮側が「暴挙」を行ない日本政府の「栄威を汚そう」とすることがあったなら、「臨機の処分」に出ることを全権使節に「委任」する、という条文がある（第六項目）。ここで言う「臨機の処分」とは、開戦を意味しているのであろうか。「訓条」とともに与えられた「内諭」には、次のように記されている。

朝鮮側が使節に対し「凌辱」を加えあるいは、使節を認めないで「暴挙」を行なうようなことがあったならば、「相当の防禦」をしたうえで対馬まで引き揚げて政府の命令を待て。「暴挙」や「凌辱」がなくとも要求を拒否されたならば、交渉「決絶」の一書を与えて帰国せよ。

このように「臨機の処分」とは「防禦」に限定され、即時の開戦は戒められている。また、「内諭」を受けた黒田は、交渉決裂時の軍事行動について、次のような建議を行なっている。

決裂したならば、直ちに「王師」を発す（出兵）べきである。しかし、出兵は「懲罰の挙」であり、朝鮮側が「屈服」し「悔悟」して「我意」（条約締結）を達すれば十分であり、もとより「土地」を貪り「版図」を広げることは「欲しない」（『日韓外交資料集成』一）。

黒田にあっても、朝鮮領有を目的とした戦争は明確に否定されているのである。

大久保は一二月一三日、伊藤に次のような手紙を送っている。

使節を派遣する趣旨は「和平を主とする」ことである。全権大使黒田にもその旨を「厚く」話してあるので、「疎略の挙動」をもって「大事」を誤るようなことを「疑惑」することは「一点」もない。しかし、万一にも平和的方針を逸脱することがないように、黒田の「輔翼（牽制）」として副使に井上馨を起用したのである。

岩倉も一二月一〇日、京都府知事槇村正直に手紙を送って、政府の方針を次のように説明している。

黒田を派遣することとなり、保護のため軍艦を伴わせるが戦争を意図しているわけではない。その趣旨は、「旧交」を追い「隣交」を修め、どこまでも「平穏」を目的として「談判」することと、雲揚《うんよう》砲撃の「旨趣を問う」ことである。朝鮮側の「暴発」に対しては、「廟議」を経て「処置」することになる（「木戸家文書」）。

大久保と岩倉は、避戦論の立場からの平和的決着をめざす方針を明言しているのである。

西郷隆盛の批判　ところで、これまでの研究においてこの黒田使節派遣は、七三年に西郷隆盛が主張した朝鮮使節論と同じ、征韓論に基づく外交政策としてとらえられてきた（高橋秀直「江華条約と明治政府」）。しかし、そのような評価は妥当なのだろうか。

七三年の西郷使節派遣論は先述したように、最終的には戦争を期す征韓論であった。あ

図24　西郷隆盛

らためて西郷使節派遣論を確認しておこう。七三年一〇月の征韓論争時に提出した、西郷「朝鮮派遣使節決定始末」は次のように主張している。

公然と「使節」を差し立てて朝鮮側の「暴挙」の時機に至って、初めて「彼の曲事」を分明に「天下」に鳴らし、その「罪」を問うべきである。いまだ十分に尽くさないで、「彼の非」のみ「責めて」は、その「罪」を真に知ることがなく、日朝両国とも「疑惑」するばかりである。それでは「討つ人」も怒らず、「討たれ」るものも「服す」ことがないので、是非「曲直」を判然とさせることが「肝要」である（『西郷隆盛全集』三）。

使節派遣は、朝鮮の「曲」（不正）と日本の「直」（正）を明らかにさせて、朝鮮を「討つ」という開戦理由を明確にするのが目的である、と明言しているのである。そして、西郷は江華島事件後の時期においても、征韓論による使節派遣論を七五年一〇月八日の篠原《しのはら》国幹《くにもと》宛手紙で次のように述べている。

これまでの朝鮮との「談判」では「明瞭」にされなかったが、この度「条理」を積んだところ「結局」の場合に至り、「彼の底意」も「判然」とした。このうえは「大臣」を「派出」して、「道理」を尽して「戦」を決定するならば、「理」に戦うものである（『西郷隆盛全集』三）。

西郷は、前述の「条理」を積んだ森山茂の交渉（「談判」）が頓挫（「結局」）し、国交要求の拒否という朝鮮側の意図（「底意」）が明らかとなったからには、日本国使節として「大臣」を派遣して、「道理」を尽したうえで開戦すべきである、と主張しているのである。これは、七三年の征韓論争時と何ら変わらない論理である。

なお、西郷は同じ手紙の前半で江華島事件を批判しており、この部分のみをとらえて西郷＝非征韓論者とみなす著作がある（坂野潤治『西郷隆盛と明治維新』）。しかし、西郷は「談判」することなく「戦端」を開いた江華島事件を、「天理」において恥ずべき「所為」であると批判し、開戦するならば使節を派遣するという「手順」を踏まなければならない、とあくまでも開戦論（征韓論）の立場から批判しているのである。

こうした西郷使節派遣論と黒田使節派遣論は、日本国代表使節の派遣であることは同じである。しかし、その意図には明らかな違いがある。端的に言えば、日朝戦争の意図があるのか否かである。西郷使節論は主戦論であり、黒田使節論は避戦論である。筆者は、征韓論とは朝鮮は日本に服属すべきものであるという意識のもと、武力行使による朝鮮侵略論（日朝戦争論）である、ととらえている。

黒田使節は征韓論なのか

たしかに黒田派遣においても開戦の可能性はあった。木戸が一二月三〇日の副使井上馨宛手紙で、もとより「平和」は「天下」のために祈るけれども、「自然」に戦争の「機」があらわれている（『伊藤博文関係文書』二）、と戦争の危惧を述べざるを得ない状況であった。黒田使節出発後の七六年一月二六日に三条太政大臣は岩倉に手紙を送って、万一「事破れた」場合の「見込」を天皇に「上陳」する必要性を述べている。二月に日朝修好条規が調印されると、三条が「朝鮮条約」が相済んだようで誠に「意外の好都合」に思う、大久保が「朝鮮よりの吉報」は「意外」の展開で「ご同慶の至り」である、木戸が「江華一条」も「無事」に終わりこの上なく「幸福」である、とそれぞれ述べているように、派遣時において平和的解決を確信することはできなかった。

したがって、山県陸軍卿を中心として、広島・熊本両鎮台からの出兵および輸送船の手配など、一月下旬から二月上旬には開戦準備にも取り組んでいた。しかし、開戦準備と開戦意図を同一視することは慎まなければならない。黒田使節派遣論は軍艦による軍事的威圧の行使という強硬論ではあるが、何度も強調してきたようにその根底には避戦論があり、交渉による国交樹立をめざすものである。開戦を企図する西郷使節派遣論と同じ、征韓論に基づく外交政策と評価することはできない。

黒田使節団の出発

黒田全権使節団は七六年一月六日、軍艦三隻と運送船三隻の計六隻で品川を発ち、八日に神戸で副使井上馨が合流し、一五日に朝鮮釜山に入港する。なお、黒田使節を朝鮮へ派遣することは、すでに前年一二月九日にイギリス・ロシア・イタリア・アメリカ公使、同月一三日にドイツ・フランス・オーストリア公使にそれぞれ通知していた。その文面には、朝鮮との「貿易を拡張」することと、雲揚が被ったような「暴動」がないよう「談判」するための派遣である、と記されている（『日本外交文書』八）。

ところで、全権使節団は釜山入港の一五日、朝鮮の対応を危惧して陸軍二大隊増派の要求を決定し、本国政府に要請電報を打っている。翌一六日に副使井上は伊藤に手紙を送って、増派要請について次のように述べる。朝鮮側の対応は「悔悟の意」が少しも見えず、江華府へ接近すれば砲撃を受けることは「疑い無い」と思われる。したがって、もう「二大隊」の兵を「至急」派遣して欲しい。決して黒田も私も「粗暴の挙」はしないので(『伊藤博文関係文書』一)。日本側から「粗暴」の行動に出るものではなく、あくまでも朝鮮側からの砲撃を想定しての要請であった。

二大隊増派要求の電報は一七日に着いた。大久保は、一八日に伊藤・山県と協議し、断然「前意」を貫くことから増派は「見合す」と拒否する。そして、三条太政大臣の黒田宛訓令が出される。そこには、専ら「平和」を趣意とするのが「初議」であり、朝鮮側の「事情如何」に関わらず「初議」を貫徹するよう「従事」せよ、と記されている。

さらに、この方針を徹底させるために外務省官員野村靖《のむらやすし》を朝鮮に派遣する。「前意」「初議」という平和的交渉論は貫かれているのである。野村靖は二月七日に黒田大使のもとに着いて、増派拒否という政府回答を伝えている。

前述したように、すでに前年一二月中旬に日本国書受理へと方針転換した朝鮮政府は、黒田全権が江華府に向かっているという情報を得ると、国交樹立方針を定めて一月三〇日、黒田使節の応接として「接見大官・副官」を江華府に送りこんでいる。そして、二月五日には清国政府から日本との条約締結を勧告する文書が届いた。清国にとって朝鮮は重要な属国であったが、イギリスやフランスとの対立や国内のイスラム教徒の反乱問題を抱え込み、朝鮮を援助できないことから平和的解決を望んでいたのであった（北原スマ子「江華条約の締結」）。こうした朝鮮政府の方針から懸念された砲撃はなく、黒田使節団は二月一〇日に江華府に入った。

日朝交渉

日本全権弁理大臣黒田と朝鮮接見大官申《しん》との交渉は二月一一日から始まった（『日本外交文書』九）。黒田は「訓条」の指令どおり、まず日本国書不受理と江華島事件の責任を追及して朝鮮に謝罪を求めた。これに対し申は、両件とも責任は回避し「陳謝」するのは権限外であるとし、今後の「親睦」を厚くすること、すなわち国交樹立を優先させようと応じる。翌一二日、黒田が再度謝罪要求を突きつけると、申は謝罪の件は「朝廷」に伝えて「朝廷」より相当の「挨拶」をさせるようにすると返答する。すると黒田は、今までの「非」を「悔悟」したことはわかったと謝罪要求には深入りせず、「現今の急務」は条約を結ぶことであるとして一三ヵ条からなる条約案を示している。謝罪要求は国交樹立の手段であり、条約締結を第一義とする方針に基づく交渉である。

条約案提示にあたって副使井上は、朝鮮も「自主の邦」であって日本と「同等の権」を

図25　井上　馨

有しているので、「万国交際普通の例」により「天地の公道」に基づいて「取調べ」たものである、と国際法（万国公法）を根拠にしていると主張する。申は、日本以外の外国とは「通商」したことがないので、「万国交際の法」に「不案内」であるけれど、「京師《けいし》（朝廷）」に伝えて一〇日以内に回答すると応じている。

朝鮮政府は条約案を検討して一九日に対案を提示し、日本側随員の宮本《みやもと》小《こ》一《いち》・野村靖と協議している。朝鮮側が問題とした主な項目をみていこう。まず、条約前文の「大日本国皇帝陛下」と「朝鮮国王殿下」は「対等の礼」に反するので、国名のみで元首名を削除し、また日本のみ「大」を使用することは認められない、ということである。日本側は要求を受け入れ、「日本国政府」と「朝鮮国政府」と修正している。次いで、第二条の両国使節の会見相手が対等となっていないことを指摘すると、日本側は両国とも外務省長官と修正している。また、同条の使節の首都駐留も拒否している。首都の常駐を嫌い、江戸時代の通信使と同じように臨時の滞在とするよう修正要求し、日本側は認めている。そして、十二条の最恵国待遇について、日本以外に条約を結ぶ意図がないので削除して欲しいと要求すると、日本側は了承して削除している。

内容上による合意が成立した後、批准書をめぐって対立が生じる。黒田・井上は、「君主」の署名・捺印がなければ条約は「公認」されない、というのが「万国普通の法」であるとして署名・捺印を要求する。これに対し、申は朝鮮では臣下から君主へ署名を請うのは「礼」において出来ないと拒否した。黒田は「自家の礼典」の主張は認められない、「大砲」を携えてこの地に来ていると軍事力で威嚇するが、申は「君臣の情」を変えることはできないと拒絶する。結局、署名は強要せず「朝鮮国君王の宝」という新印を用いる、という妥協が成立する。必ずしも軍事力が功を奏したわけではない。そして、二月二七日に日朝修好条規は調印された。明治政府発足以来の課題であった、日朝国交の樹立である。

不平等条約日朝修好条規

日本政府（大久保政権）は日朝修好条規締結にあたって、清朝宗属関係を否定して朝鮮を独立国とみなし（第一条）、清の影響力を排して朝鮮への勢力拡大を意図していた。また、西洋国際法を基とした不平等項目（第一〇条の治外法権）を盛り込ませている。客観的（国際的）にみるならば、日本が優位にたつ不平等条約であることは明らかである。

こうした性格を有する条約であるが、先述の交渉過程をみるならば、「一方的な強圧があったとは認められず」に妥結し、「非常に順調に進められ締結・批准に至った」（諸洪一「明治初期の朝鮮政策と江華島条約」）と評価される側面を持っている。では、なぜ朝鮮政府はこのように受け入れたのであろうか。

宗属関係問題では、第一条の「朝鮮国は自主の邦」という文言の解釈の違いがあった。日本側は、「自主の邦」を清国の属国ではない独立国という意味で用いた（宗属関係の否定）が、朝鮮側（清国も）は、属国でも内政外交は「自主」の権を持っており、「自主の邦」と属国は矛盾しないととらえた（宗属関係の存続）。一方、治外法権問題では朝鮮側は、国際法による不平等であるという認識はなかった。すなわち、江戸時代において釜山の倭《わ》館《かん》における日本人の犯罪は、日本人（対馬藩）が処罰したという旧例と同じものとしてみなして問題とはしていない。総じて、朝鮮側は江戸時代における日朝間の対等関係の復活にしかすぎなく、新たな秩序の創出ではないととらえたのである。これなら敢えて異を唱えることはない。なお、条約締結後の八月、その細部を規定する通商章程で日本は無関税貿易を要求したが、朝鮮は抵抗することなく同意している（七年後の八三年に関税設定）。

不平等条約としての日朝修好条規。日本側は「押しつけた」のだが、朝鮮側は一方的に「押しつけられた」という意識はなかった。

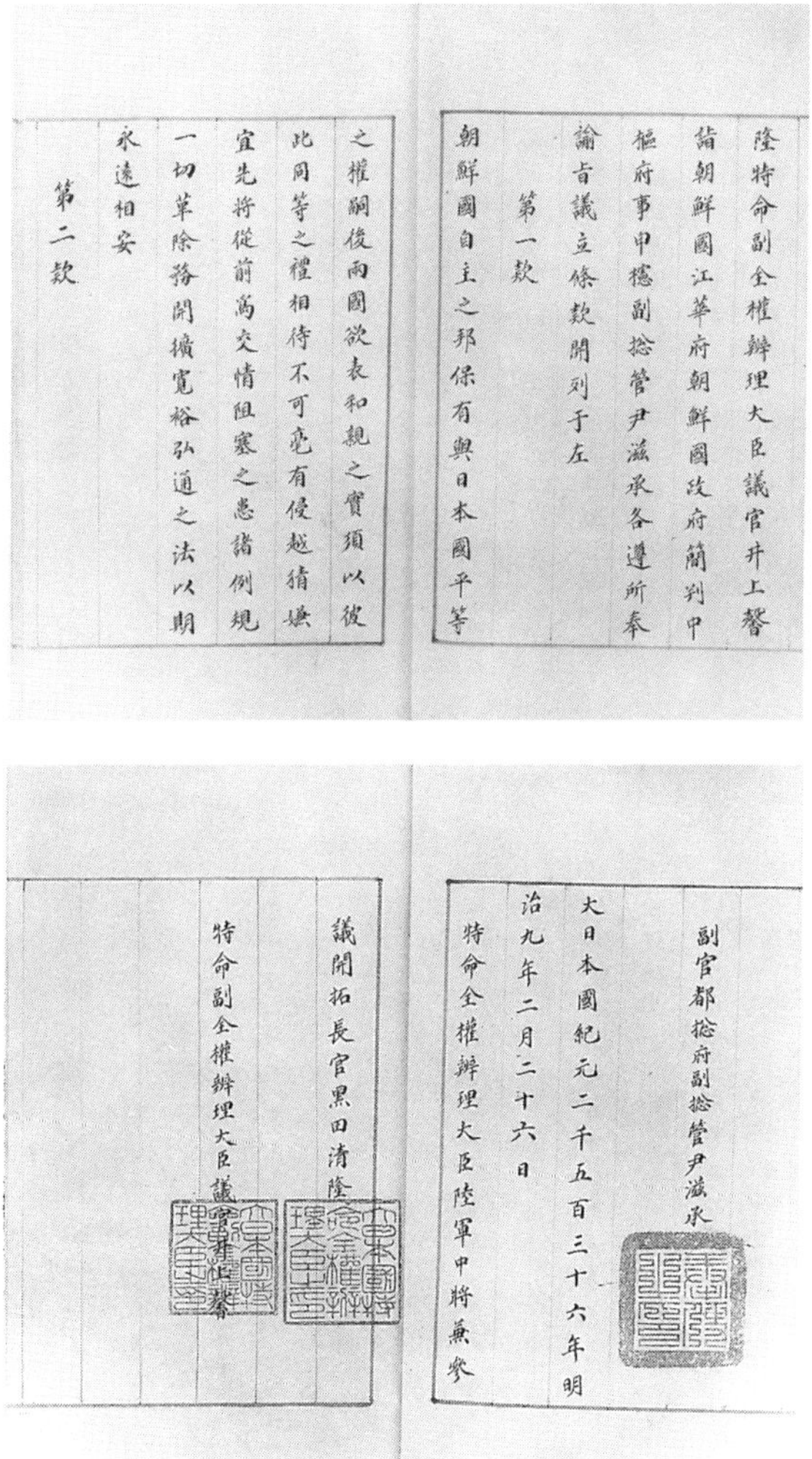
隆特命副全權辦理大臣議官井上馨
詣朝鮮國江華府朝鮮國政府簡判中
樞府事申櫶副摠管尹滋承各遵所奉
諭旨議立條款開列于左
第一款
朝鮮國自主之邦保有與日本國平等
之權嗣後兩國欲表和親之實須以彼
此同等之禮相待不可毫有侵越猜嫌
宜先將從前爲交情阻塞之患諸例規
一切革除務開擴寬裕弘通之法以期
永遠相安
第二款

副官都摠府副摠管尹滋承
大日本國紀元二千五百三十六年明
治九年二月二十六日
特命全權辦理大臣陸軍中將兼參
議開拓長官黑田清隆
特命副全權辦理大臣議官井上馨

図26　日朝修好条規（外務省外交史料館所蔵）

朝鮮側は、黒田使節と交渉した申が、いみじくも「万国交際の法」に「不案内」であると言ったように、明らかに国際法に関する理解が不足していたのであった。これに対して日本側は、国際法に基づく条約であることを前面に出し、国交樹立を最優先する方針から朝鮮側の要求に柔軟に対応して締結したのである。決して、華夷《かい》秩序と「対決」したわけではなかった。大久保は三月四日、朝鮮から帰国した黒田から「談判」の模様を聞いて、「誠に十分の都合、大慶に堪えず」と日記に書き残している。

大久保利通のめざしたもの――エピローグ

華夷秩序と大久保

一八七一～七三年（明治四～六）半ばの留守政府における東アジア政策は、明治政府発足以来の西洋近代国際法に準拠するという方針のもと、「力の政策」を実行しようとするものであった。副島種臣《そえじまたねおみ》の台湾領有（植民地化）を意図する台湾出兵論、西郷隆盛《さいごうたかもり》の征韓論に基づく朝鮮使節派遣論など、いずれも日清戦争や日朝戦争に発展する可能性を持つものであった。それらは、華夷《かい》秩序との決定的対決というよりも、国権拡張主義（膨張主義）によるものであった。そして、その背景には近代化政策に不満・不平を懐く士族層の動きがあった。

副島台湾出兵論や西郷征韓論を否定した大久保利通《おおくぼとしみち》（政権）は、西洋近代国際法に準拠して華夷秩序の否定（打破）をめざすことを基本方針として、東アジア政策を展開した。しかし、現実の華夷秩序を一気に打破しようとするのではなく、漸進的に柔軟に解消しようとするものであった。

台湾出兵をめぐる清国との交渉においては、もっぱら台湾「蕃地」の領有権を問題とし、日清「両属」である琉球の領有権には触れずに、「義挙」論（琉球人＝日本人）を清国に認めさせている。朝鮮との交渉（森山交渉）では、清朝宗属関係のなかで国交樹立をめざすものであった。そして、江華島事件をめぐる交渉においては、朝鮮側の要求に柔軟に対応して妥協し、朝鮮＝「自主」論（朝鮮も同意できるかたちで清朝宗属関係の否定を図る）によって国交樹立に至っている。

華夷秩序との決定的対決や国権拡張主義による東アジア政策を強行すれば、日清戦争や日朝戦争をもたらすことになると大久保は判断し、戦争回避を根底とする外交政策を進めていった。そのなかで琉球政策のみ「力の論理」（西洋国際法）によって、琉球の主張を全く受け入れずに「力の政策」により併合を強行している。それは、近代国家として主権のおよぶ範囲（国境）の画定という意図から、琉球の日清「両属」の解消を急務としたからである（南方地域では七六年に小笠原諸島の日本領有を宣言）。琉球「両属」問題と同様、北方の日露「雑居」地である樺太をめぐる、ロシアとの交渉も国境画定の意図からであった。

それでは、東アジア政策を進めるにあたって大久保（政権）は、なぜこれほどまでに戦争回避を重視していたのであろうか。

富国化による「万国対峙」

本論でも述べたように、戦争回避の重要性は大久保が欧米視察（岩倉使節団の体験）で獲得し、七三年一〇月の征韓論政変を経て打ち出した国家目標から導き出されたものである。それは、幕末以来の不平等条約体制から脱却し、「万国対峙」を実現するための「民力」を基盤とした国家富強策である。そこでは、国家富強の最大阻害要因となるのが対外戦争であるという認識のもと、避戦論（非戦論ではない）が明確に打ち出されていた。

大久保は政権を掌握した（大久保政権）のちに内務省を設立し、最重要課題として掲げたのが「民力」養成による国家の富強であり、具体的には内務省による民業振興を中心とする殖産興業政策の推進であった。本論でみた東アジア政策が展開された時期に大久保は、次のように相次いで建議を出して精力的に殖産興業を進めていたのである。

大隈重信・西郷従道の台湾領有論に基づく台湾出兵論を否定した七四年五月、「殖産興業に関する建議書」を提出して「人民」の工業振興が国家富強をもたらすと主張し、台湾出兵をめぐる清国との妥協がなった後の七五年五月、「本省（内務省）事業の目的を定むるの議」を提出する。ここで大久保は、内外が「平穏」になり内務省の目的である、民業の「振励」を実行できる時期になったとし、農業・牧畜業・農産加工業・海運業・商業分野における具体的政策を提起する。そして、江華島事件から日朝修好条規が調印された七五年九月から翌七六年二月は、民業を基軸とする大久保の殖産興業路線がようやく軌道に乗り始めてきた頃であった（拙著『内務省と明治国家形成』）。

殖産興業推進にあたって最大のネックとなるのが、限られた財源のなかで莫大の戦費を要する対外戦争である。大久保にとって、国家目標として設定した「民力」による国家富強に向けた、民業振興中心の殖産興業を完遂するためには、対外戦争は何としても避けなければならないことなのである。避戦とは決して消極的な対応ではない。そのなかで台湾出兵と清国との交渉は、琉球の日清「両属」を解消して琉球併合という国境の画定をめざすものであり、江華島事件後の朝鮮との交渉は「和約」を結ぶという国交の樹立をめざすものであった。

朝鮮との国交が樹立されたのちの七六年三月、大久保は「経国の要実力を養う先務なるの議」と題する建議書を三条太政大臣に提出している。その冒頭には「独立の権」を有して「自主の体」を備え、世界に「駢立《べんりつ》（並び立つ）」して「帝国」と称するためには、「実力」を養うことより「先務」はない、と述べられている。

大久保のめざしたもの。それは、「民力」によって国家の「実力」養成を図り、世界に並び立つことであった。

あとがき

二〇一五年一〇月六日から一二月六日にかけて、千葉県佐倉市にある国立歴史民俗博物館が、「大久保利通とその時代」という企画展示を開催した。重要文化財に指定されている大久保利通関係資料を所蔵する同館が、初めて大久保関係資料を紹介する目的で企画した展示である。本書の初校ゲラ校正を終えた私は、前もって大久保家から案内をいただいていた開催前日（一〇月五日）の内覧会に駆けつけた。

展示は、大久保の生涯に沿って九つのコーナーで構成されており（あと一つは小松帯刀関係）、そのなかの一つに「外交手腕の発揮」というタイトルのコーナーがあった。主に岩倉使節団と台湾出兵（北京交渉）関係資料の紹介であるが、これまで軽視されていた外交面が独立して設けられていたのである。内政の大久保というイメージが強いなか、外交との関わりを一般の人にアピールする、今まであまり見られなかった企画である、と本書を書き終えたばかりの私にとってはとても興味深いものであった。

さて本書は、私の大久保利通研究（ひいては明治維新史研究）の一環をなすものでもある。大久保に関する最初の著作である、『〈政事家〉大久保利通』（講談社選書メチエ）を刊行したのは、二〇〇三年であった。この拙著は、主に明治期における内政面に焦点を据えて、岩倉使節団の欧米視察から征韓論政変を経て打ち出した国家目標（民力を基盤とする富国化）から、大久保が構想した近代日本国家像を提示したものであった。

そして、拙著を執筆する前後の頃から、大久保の国家構想は内政面のみならず外交面にも貫かれているのではと考え、国家構想との関連で外交政策の再検討を試みようと思い立つに至った。本書でも記したように、明治初年以来の東アジア問題は大久保政権期に一定の決着がみられている。したがって、外交政策でもとりわけ東アジア政策を対象とすることにした。

大久保（政権）の東アジア政策は、征韓論争での大久保「内治優先論」と矛盾する外征策である、というのが当時の一般的な理解であった。こうした通説に疑問を抱き、台湾出兵は何ら矛盾するものではない、と異議を呈したのが「大久保利通と台湾出兵」（『国士舘大学人文学会紀要』三四、二〇〇一年）である。続いて同じ視角から、東アジア政策では最も重要な位置を占める朝鮮政策に取りかかり、研究会ではおおまかな構想を発表した。

しかしながら、いわゆる征韓論をめぐる研究の蓄積が厚いこともあって、なかなかまとめることができず、時日だけが過ぎ去っていった。そうしたなか、明治維新史学会で『講座明治維新』（全一二巻）の編集作業が始まり、朝鮮政策からはますます離れてしまった。『講座明治維新』が一段落ついて、ようやく研究に着手することができ、「大久保政権と朝鮮政策」（『国士舘史学』一八）という論文を発表したのが、二〇一四年三月であった。

このような時、吉川弘文館編集部の若山嘉秀さんから、〈歴史文化ライブラリー〉の一冊として『大久保利通と東アジア政策』という表題で「台湾出兵以降の時期を対象とした大久保（の政策）」について書きませんか、とのお誘いがあったのが同年五月である。何とか朝鮮政策をまとめた直後であったことから、ありがたいお話であると思い、お引き受けした次第である。以後、既発表論文を基として新たに樺太問題と琉球問題も加え、若山さんとの打ち合わせ、というよりも論じあいながら内容の骨格が固まっていった。そして、最初の読者として、小見出しや表現の不備を指摘して下さったのも若山さんであった。このように、本書も編集者との共同作業である（もちろん内意上の責任は著者の私にある）。

また、写真や地図を含むこのような体裁にしていただいたのは、本書の製作を担当された同編集部の伊藤俊之さんのお力である。そして、書名を最終的に『大久保利通と東アジア―国家構想と外交戦略―』としたことも、同編集部と営業部の皆さんとの協議によっている。吉川弘文館の皆さんに厚くお礼申し上げる。

文字どおりの小著であるが、執筆にあたっては主に参考文献に掲げた先学の研究を参照しつつ書き進めていった。とくに、台湾出兵については家近良樹氏、北京交渉については故萩原延壽氏、朝鮮政策については故高橋秀直氏の業績に負っている（高橋氏とは評価が異なっているが）。諸先学の学恩に感謝申し上げる。

本書が刊行される二〇一六年は、日朝修好条規の調印年（一八七六年）からちょうど一四〇年後となる。節目となる年に本書を上梓できたのは、何かの因縁であろうか。

二〇一五年一一月一二日

勝田政治

参考文献

秋月俊幸『日露関係とサハリン島』筑摩書房、一九九四年
荒野泰典・石井正敏・村井章介編『近代化する日本』（『日本の対外関係』七）、吉川弘文館、二〇一二年
家近良樹『西郷隆盛と幕末維新の政局』ミネルヴァ書房、二〇一一年
石井　孝『明治初期の日本と東アジア』有隣堂、一九八二年
石田　徹『近代移行期の日朝関係』溪水社、二〇一三年
犬飼ほなみ「樺太・千島交換条約の締結交渉」（『明治維新史研究』二、二〇〇五年）
井上勝生『幕末・維新』（『岩波新書』シリーズ日本近代史一）、岩波書店、二〇〇六年
勝田政治『廃藩置県』（『講談社選書メチエ』一八八）、講談社、二〇〇〇年（二〇一四年に『角川ソフィア文庫』として再刊）
勝田政治「大久保利通と台湾出兵」（『国士舘大学人文学会紀要』三四、二〇〇一年）
勝田政治『内務省と明治国家形成』吉川弘文館、二〇〇二年
勝田政治『〈政事家〉大久保利通』（『講談社選書メチエ』二七三）、講談社、二〇〇三年（二〇一五年に『大政事家大久保利通』と改題し『角川ソフィア文庫』として再刊）
勝田政治「大久保政権の朝鮮政策」（『国士舘史学』一八、二〇一四年）

亀掛川博正「江華島事件と「日本側挑発説」批判」（『軍事史学』一四九、二〇〇二年）
清沢　洌『外政家としての大久保利通』中央公論社、一九四二年（一九九三年に『中公文庫』として再刊）
後藤　新「台湾出兵における大久保利通」（『明治維新史研究』一〇、二〇一三年）
諸　洪一「明治初期の朝鮮政策と江華島条約」（『札幌学院大学人文学会紀要』八一、二〇〇七年）
高橋秀直「明治維新期の朝鮮政策」（山本四郎編『日本近代国家の形成と展開』吉川弘文館、一九九六年）
高橋秀直「江華条約と明治政府」（『京都大学文学部研究紀要』三七、一九九八年）
田母橋潔『近代日鮮関係の研究』上、朝鮮総督府中枢院、一九四〇年（一九七二年に宗高書房から再刊）
趙景達編『近代日朝関係史』有志舎、二〇一二年
波平恒男『近代東アジア史のなかの琉球併合』岩波書店、二〇一四年
萩原延壽『北京交渉　遠い崖―アーネスト・サトウ日記抄11』朝日新聞社、二〇〇一年（二〇〇八年に『朝日文庫』として再刊）
坂野潤治『西郷隆盛と明治維新』（『講談社現代新書』二二〇二）、講談社、二〇一三年
明治維新史学会編『明治維新とアジア』吉川弘文館、二〇〇一年
毛利敏彦『明治六年政変』（『中公新書』五六一）、中央公論社、一九七九年
毛利敏彦『台湾出兵』（『中公新書』一三一三）、中央公論社、一九九六年

著者紹介

一九五二年、新潟県に生まれる
一九七五年、早稲田大学第一文学部卒業
現在、国士舘大学文学部教授、博士（文学、早稲田大学）

主要編著書

『内務省と明治国家形成』（吉川弘文館、二〇〇二年）
『小野梓と自由民権』（有志舎、二〇一〇年）
『講座明治維新4　近代国家の形成』（共編著、有志舎、二〇一二年）
『廃藩置県』（角川ソフィア文庫、ＫＡＤＯＫＡＷＡ、二〇一四年）
『大政事家大久保利通』（角川ソフィア文庫、ＫＡＤＯＫＡＷＡ、二〇一五年）

歴史文化ライブラリー
419

大久保利通と東アジア
国家構想と外交戦略

二〇一六年（平成二十八）二月一日　第一刷発行

著　者　勝《かつ》田《た》政《まさ》治《はる》
発行者　吉川道郎
発行所　株式会社　吉川弘文館
東京都文京区本郷七丁目二番八号
郵便番号一一三―〇〇三三
電話〇三―三八一三―九一五一〈代表〉
振替口座〇〇一〇〇―五―二四四
http://www.yoshikawa-k.co.jp/
印刷＝株式会社　平文社
製本＝ナショナル製本協同組合
装幀＝清水良洋・李生美

ISBN978-4-642-05819-3

歴史文化ライブラリー

1996. 10

刊行のことば

現今の日本および国際社会は、さまざまな面で大変動の時代を迎えておりますが、近づきつつある二十一世紀は人類史の到達点として、物質的な繁栄のみならず文化や自然・社会環境を謳歌できる平和な社会でなければなりません。しかしながら高度成長・技術革新にともなう急激な変貌は「自己本位な刹那主義」の風潮を生みだし、先人が築いてきた歴史や文化に学ぶ余裕もなく、いまだ明るい人類の将来が展望できていないようにも見えます。このような状況を踏まえ、よりよい二十一世紀社会を築くために、人類誕生から現在に至る「人類の遺産・教訓」としてのあらゆる分野の歴史と文化を「歴史文化ライブラリー」として刊行することといたしました。

小社は、安政四年(一八五七)の創業以来、一貫して歴史学を中心とした専門出版社として書籍を刊行しつづけてまいりました。その経験を生かし、学問成果にもとづいた本叢書を刊行し社会的要請に応えて行きたいと考えております。

現代は、マスメディアが発達した高度情報化社会といわれますが、私どもはあくまでも活字を主体とした出版こそ、ものの本質を考える基礎と信じ、本叢書をとおして社会に訴えてまいりたいと思います。これから生まれでる一冊一冊が、それぞれの読者を知的冒険の旅へと誘い、希望に満ちた人類の未来を構築する糧となれば幸いです。

吉川弘文館